내 안의 아이 치유하기

Breaking Negative Thinking Patterns

저자	Gitta Jacob	**역자**	최영희
	Hannie Van Genderen		최상유
	Laura Seebauer		윤희준

내안의 아이 치유하기

Breaking Negative Thinking Patterns

저자	Gitta Jacob	역자	최영희
	Hannie Van Genderen		최상유
	Laura Seebauer		윤희준

Schema Mode
건강한 어른으로 내 안의 아이 치유하기

1. 들어가기	8
1.1 심리도식치료란 무엇인가?	10
1.2 사고 방식의 기원을 이해하기	11
1.2.1 양식 알아차리기	12
1.2.2 양식 변화시키기	12

1부 양식과 친해지기

2. 아이 양식	16
2.1 취약한 아이 양식	20
2.1.1 자신의 취약한 아이 양식과 소통하기	24
2.1.2 타인의 취약한 아이 양식 알아차리기	27
2.2 성난 아이와 충동적인 아이 양식	27
2.2.1 성난 또는 충동적인 아이 양식과 만나기	32
2.2.2 타인의 성난 또는 충동적인 아이 양식 알아차리기	37
2.3 행복한 아이 양식	39
2.3.1 나의 행복한 아이 양식과 소통하기	41
2.3.2 타인의 행복한 아이 양식 알아차리기	43
2.4 요약	43
3. 역기능적 부모 양식	45
3.1 요구하는 부모 양식	51
3.1.1 자신의 요구하는 부모 양식 알아차리기	54
3.1.2 타인의 요구하는 부모 양식 알아차리기	56

3.2 죄책감 유발 부모 양식   56
    3.2.1. 죄책감 유발 부모 양식 알아차리기   60

3.3 처벌하는 부모 양식   62
    3.3.1 자신의 처벌하는 부모 양식 발견하기   65
    3.3.2 타인의 처벌하는 부모 양식 알아차리기   67

3.4 요약   68

4. 대처 양식   70

4.1 순종하는 굴복자 양식   77
    4.1.1 나의 순종하는 굴복자 양식 알아차리기   78
    4.1.2 타인의 순종하는 굴복자 양식 알아차리기   85

4.2 회피하는 대처 양식   86
    4.2.1. 나의 회피하는 대처 양식 알아차리기   88
    4.2.2. 타인의 회피하는 대처 양식 알아차리기   91
    4.3.1. 나의 과잉보상 대처 양식 발견하기   92

4.3 과잉보상하는 대처 양식   92
    4.3.1. 나의 과잉보상 대처 양식 발견하기   92
    4.3.2 타인의 과잉보상하는 대처 양식 알아차리기   96

4.4 요약   98

5. 건강한 어른 양식   100

5.1 나의 건강한 어른 양식 알아차리기   102
5.2 타인의 건강한 어른 양식 알아차리기   103
5.3 건강한 어른 양식을 다른 양식들과 구분하는 방법   105
5.4 요약   106

2부 자신의 양식 바꾸기

6. 취약한 아이 양식 치유하기 — 108
- 6.1 취약한 아이 양식과 만나기 — 108
- 6.2 취약한 아이 양식 보살피기 — 112

7. 성난, 충동적인 아이 양식 통제하기 — 118
- 7.1 성난, 충동적인 아이 양식과 친해지기 — 120
- 7.2 성난 아이 양식과 충동적인 아이 양식에 한계 설정하기 — 121
  - 7.2.1 목표와 욕구 — 123
  - 7.2.2 의자 대화 기법 — 124
  - 7.2.3 행동을 조정하는 방법을 배우기 — 125
  - 7.2.4 어떻게 분노를 다스리는 법을 배울 수 있을까? — 126

8. 행복한 아이 양식 강화하기 — 131
- 8.1 행복한 아이 양식과 친해지기 — 131
- 8.2 행복한 아이 양식을 강화하기 위한 연습 — 133

9. 역기능적 부모 양식에 한계 설정하기 — 137
- 9.1 역기능적 부모 양식과 만나기 — 137
- 9.2 역기능적 부모 양식 침묵시키기 — 145
  - 9.2.1 역기능적인 부모 양식을 감소시키기 위한 연습들 — 147

10. 대처 양식 바꾸기 — 150
- 10.1 자신의 대처 양식 알아가기 — 150
- 10.2 대처 양식 약화시키기 — 151
  - 10.2.3 과잉보상 약화시키기 — 160

11. 건강한 어른 양식 강화하기 — 165

역자 후기 — 175

용어 사전 — 177

1

들어가기

1
들어가기

> 🎁 **사례 예시 "소외"**
>
> 34살의 캐롤은 4살배기 아들을 두었고, 은행에서 아르바이트를 하며 지내고 있다. 캐롤은 자신의 삶에 전반적으로 만족하지만, 이따금 사소한 사건들 때문에 극심한 소외감이나 거절당한 것만 같은 감정에 시달린다. 예를 들면, 정규직 은행 동료들이 자기들끼리만 이해할 수 있는 농담을 할 때 그런 감정을 느끼게 된다. 그럴 때면 캐롤은 불편한 상황에서 벗어나기 위해 조용히 자리를 뜨는 방법을 선택한다. 하지만 기분이 썩 좋지 않은 날에는 동료들에게 밉살스러운 어린아이처럼 굴 때도 있다. 그러나 그렇게 행동하고 난 후에는 동료들에게 짜증이 날 뿐만 아니라 자신의 반응에도 언짢아진다.
>
> 캐롤은 이 문제로 평생을 고민해왔는데, 이 문제는 어쩌면 어린 시절에 겪었던 일들과 관련이 있을지도 모른다. 직장 이동이 잦은 아버지 때문에 어린 시절에 이사를 자주 해야 했던 캐롤은 언제나 새로운 환경에서 처음부터 다시 적응해 나가야 했다. 새로운 학교에 등교할 때마다, 새로운 반에 들어설 때마다, 캐롤은 소외된 것만 같은 기분을 느꼈던 것이다. 게다가 12살이었을 때에는 심한 따돌림을 당하기까지 했다.

어디서 많이 들어본 이야기 같지는 않은가? 자신에게도 떨쳐낼 수 없는 특정한 사고 방식이 있지는 않은가? 반복적으로 비슷한 감정이 자신의 삶을 얽매고 있지는 않은가?

만약 자신의 사고 방식을 바꾸고 싶다면, 우선 일상에서 어떤 사고 방식이 자신을 괴롭히고 있는지 파악하고 이해해보자. 이런 사고 방식들이 자신의 일생 동안 어떻게 형성이 되었기에 이토록 끈질기게 자신의 삶에 관여하고 있는지를 알아내야 한다. 이 책의 1부에서는 자신의 사고 방식들의 기원을 살펴보는 여정에 도움을 줄 것이다. 자신의 진정한 욕구가 무엇인지 알게 되고, 그 욕구를 충족시키는 방법도 깨닫게 되기를 바란다.

2부에서는 자신의 사고 방식을 원하는 모습으로 바꿀 수 있는 몇 가지 단계를 소개할 것이다. 여러분은 이 책에서 제공하는 조언에 따라 혼자 연습을 해볼 수도 있고, 혼자서는 버거울 것 같다면 치료자에게 도움을 청해볼 수도 있다.

이제부터 자신의 사고 방식을 변화시키기 위해 심리도식치료라고 부르는 방법을 시도하고자 한다. 심리도식치료의 핵심 개념은 "심리도식 양식"인데, 간단하게 "양식"이라고 부르기도 한다. 양식은 언제나 같은 종류의 문제를 일으키는, 계속해서 발생하는 행동과 감정의 패턴이다. 나아가서는 어렸을 적 경험했던 부정적 사건들과 연결된 마음의 상태이기도 하다.

이 책에서 우리는 심리도식 양식들에 대해 설명할 것이고, 독자 스스로 그 양식을 변화시킬 수 있는 방법들을 안내할 것이다. 이 책을 자기계발서로 쓸 수도 있고, 심리도식치료를 받는 데 도움을 주는 도구로 활용할 수도 있다. 만일 자신이 스스로 이 양식들을 변화시키고자 한다면, 믿을 수 있는 사람과 자신의 사고 방식에 대해 이야기를 나눠 보는 것도 도움이 될 것이다. 또한 우리는 독자들에게 이 책을 처음부터 차례로 읽어 보기를 권한다.

다음 장으로 넘어가기 전에, 각 장에 대해 유심히 생각해 보라. 그렇게 점차 버거운 상황들을 더욱 능숙하게 헤쳐 나가는 데에 익숙해지게 될 것이고, 부정적인 감정을 덜어낼 줄 알게 될 것이며, 욕구를 보다 건강한 방식으로 충족시킬 수 있게 될 것이다.

1.1 심리도식치료란 무엇인가?

심리도식치료는 가장 최근에 개발된 심리치료 중 하나로, 다양한 심리치료를 통합하여 만들어졌다. 심리도식치료는 보다 보완된 형태의 인지행동치료이기도 하다. 어떤 심리치료가 심리도식치료에 영향을 주었는지는 상자 1.1에 설명해 두었다.

> **🎁 상자 1.1: 심리도식치료에 영향을 준 심리치료**
>
> **인지행동치료**: 현재 살아가면서 겪고 있는 구체적인 문제를 해결하기 위해 생각과 행동을 바꾸는 데에 집중한다.
> **심층 심리학**: 많은 심리적 문제의 기원은 아동기 경험에서 찾아볼 수 있다고 말한다.
> **사이코드라마와 게슈탈트 치료**: 문제가 되는 감정들을 변화시키는 기법이다.
> **인본주의 치료/내담자 중심 치료**: 사람의 욕구, 그리고 사람의 욕구가 정신건강과 밀접하게 관련되어 있다는 사실에 집중한다.

심리도식치료에서 가장 중요하게 생각하는 것은 감정이다. 긍정적이거나 부정적이거나, 아동기에 겪은 경험은 성인기의 감정에도 지속적인 영향을 미친다. 자신이 어렸을 때, 다른 아이들에 비해 유독 눈에 띄는 옷을 입었거나, 자신의 코가 지나치게 크다고 생각하는 바람에 창피함을 느낀 적이 있다고 상상해보자. 어렸을 적에 거부당하거나 수치심을 느낀 경험이 있다면, 성인이 된 후에도 다른 사람들의 의도와는 상관없이 거부당한 것 같은 느낌을 받거나 수치심을 쉽게 경험하게 된다. 이런 감정들은 일상 생활에서의 문제들로 이어질 수도 있다. 이런 경험 때문에 자신의 반응이 그리 적절하지 않음에도 불구하고 다른 사람들과 접촉하기를 꺼리게 되면서 건강하고 친밀한 관계를 형성하기 힘들어졌을 수도 있고, 더 큰 수치심을 느끼지 않기 위해 특정 상황에서 공격적으로 반응하게 되었을 수도 있다.

그러므로 심리도식치료의 첫 단계는 언제나 자신의 부정적인 감정들을 이해하고, 그것들이 자신의 삶 어디에서 처음 발견되는지를 탐색하고 이해하는 것이다. 그런 후에는 아동기에 일어났던 사건들과 함께, 그때 겪은 경험과 감정들이 현재 자신에게 어떤 부정적인 영향을 미치고 있는지를 살펴보게 된다. 그 다음은 자신의 감정과 문제가 되는 행동들을 변화시키는 것이다. 그렇게 보다 만족스럽고 건강한 방식으로 자신의 욕구를 적절히 충족시키는 방법을 익히게 된다.

1.2 사고 방식의 기원을 이해하기

양식 개념이 강조하는 중요한 특징 중 하나는, 사람은 상황에 따라 각기 다른 각자의 경험을 한다는 것이다. 어떤 때에는 굉장히 건강하고 편안하게 느낄 수 있지만, 어떤때에는 슬픔을 느끼고 취약해질 수도 있다. 또한 어떤 상황에서는 아무런 감정도 느끼지 못하거나 오히려 아주 냉정해질지도 모른다. 우리는 이 서로 다른 상태들을 "양식"이라고 부른다. 심리도식치료에서 다루는 양식들은 다음과 같다:

취약한/성난 아이 양식 대다수의 사람들은 약함, 열등감, 슬픔, 반항심, 강렬한 분노 등 어른스럽지 못한 감정들에 익숙하다. 심리도식치료에서는 이런 감정에 빠진 상태를 "아이 양식"이라고 부른다. 이들을 아이 양식이라고 부르는 이유는 아동기에 충족되지 않은 욕구 때문에 감정이 성숙해지지 못했을 가능성이 크기 때문이다.

역기능적 부모 양식 강한 아이 양식을 가진 사람들은 자주 자신을 평가절하하거나 과도한 책임감을 느낀다. 이 양식들은 자신을 깎아 내리거나 학대하는 부모, 또는 자신을 괴롭혔던 또래 학생들이나 형제/자매들의 말과 행동으로부터 영향을 받아 형성되었기 때문에 역기능적 부모 양식이라고 부른다. 부모 양식에서 부모라는 용어는 실제 부모뿐 아니라 중요한 부적응적 애착 대상과의 관계도 포함된다.

대처 양식 모든 사람들은 부정적인 감정을 겪을 때, 고통을 줄이거나 숨기고 싶을 때 사용하는 전략을 하나 이상 가지고 있다. 이런 심리적인 "생존 전략"

들을 "대처 양식"이라고 부른다. 대처에는 인간관계를 회피하거나 약물을 남용하는 등의 행동도 포함된다. 취약해졌거나 열등감을 느낄 때, 역으로 공격적으로 행동하거나 지나친 자기 확신으로 맞서는 것도 부정적인 감정을 견디는 대표적인 방법들 중 하나다.

건강한 어른 양식 물론 우리에게 역기능적이거나 미성숙한 양식만 있는 건 아니다. 우리는 높은 수준에서 성숙하게 활동하는 건강한 양식도 갖추고 있다. 다른 사람들과 건강한 유대를 형성하고, 건설적인 관계를 발전시키고, 긍정적인 감정을 느끼며 삶을 계획하고 문제를 해결하는 우리의 면모를 "건강한 어른 양식"이라고 부른다.

행복한 아이 양식 아이부터 어른까지, 모든 사람들에게는 즐거움, 행복감, 편안함이 필요하다. 행복한 아이 양식은 이런 감정들과 관련이 있다.

1.2.1 양식 알아차리기

이 책의 첫 부분은 모두 자신의 양식들과 친숙해질 수 있도록 안내하는 데에 할애되었다. 양식의 종류들을 묘사하고 설명할 것이고, 다양한 예시들을 통해 자신과 타인의 양식을 알아차리는 방법을 제시할 것이다. 또한 우리는 자신의 개인적인 삶 속에서 서로 다른 양식들이 얼마나 강력하게 작용하고 있는지를 알아볼 것이다. 그러한 양식들은 어떻게 발달되었으며, 어떤 양식의 경우 다른 양식들보다 자신에게 왜 더 큰 영향을 미치는 것일까? 우리는 자신의 양식이 어떤 감정을 느끼게 하는지 파악하고 어떤 상황에서 양식들이 작동하는지 알아보려고 한다.

1.2.2 양식 변화시키기

이 책의 2부에서는 양식을 변화시킬 수 있는 유용한 전략과 활동들에 대해 배우게 될 것이다. 어려운 상황들을 자신에게 적절한 방식으로 헤쳐 나가는 방법을 익히게 된다. 자신의 욕구를 더 잘 파악하게 되고, 그 욕구들을 어떻게 충족시켜야 할지도 잘 알게 될 것이다. 양식의 변화와 그 변화를 위한 활동들은 인간 경험의 다양한 수준과 관련되어 있는데, 그 수준들은 다음과 같다.

사고(인지적 수준): 인지적 수준에서는 자신의 양식에 대한 사실들을 배우고, 양식이 불러일으키는 생각이 상황에 얼마나 적절한지를 살펴보게 된다. 이 수준에서 자신이 변화시키고자 하는 것들에 대한 현실적인 계획을 세우게 되고, 그 과정에서 이 책에 포함된 지침과 작업지를 참고할 수 있다.

느낌(정서적 수준): 정서적 수준에서 자신을 괴롭히는 부정적인 감정들을 변화시킬 수 있는 다양한 방법을 모색하게 될 것이다. 심상 훈련은 하나의 강력한 기술이다. 이 훈련에서 자신이 특정한 상황에 처해 있다고 상상하게 되고, 이런 상황에서 필요한 것과 바꾸고 싶은 것들이 무엇인지 생각해보게 된다. 다음으로는 자신이 그 상황을 변화시키기 위해 특정한 행동을 취하는 상상을 하게 되는데, 이 활동이 감정에 미치는 영향은 단순히 문제에 대해 생각만 할 때보다 훨씬 더 크다.

행동(행동적 수준): 행동의 변화는 사고와 감정의 변화에 자연스레 뒤따르게 된다. 이 책은 자신의 삶에 지속적인 행동 방식을 변화시키는 방법에 대한 많은 사례와 제안을 제공한다.

물론 모든 사람은 각기 다르다. 그러므로 개인의 양식도 다른 사람들의 양식과 다르다. 자신이 이 책에서 얻어갈 지식은 다른 사람들이 얻어갈 지식과는 사뭇 다를 것이다. 어쩌면 스스로는 이 책에서 심리도식치료에 대한 간단한 정보만 얻고 싶을 수도 있다. 또는 양식 개념이 어떻게 자신에게 적용될 수 있는지 궁금할 수도 있다. 어쩌면 감정 때문에 고통을 받고 있고, 특정 상황에서 자신이 취하는 행동을 변화시키고 싶어서 이 책을 찾은 것일 수도 있다. 독자는 이 책에서 자신의 양식을 탐색하고 변화시키는 데에 유용할 다양한 활동을 만나보게 될 것인데, 만일 자신이 매우 심각한 정신적 고통에 시달리고 있다면, 이 책이 심리치료를 대체할 수 없다는 점은 명심해주었으면 한다.

이 책이 자신의 내면 세계와 양식들을 탐색하는 여정에 도움이 되기를 바란다. 내면의 여행을 즐기시길.

양식과
친해지기

2

아이 양식

이따금 아이처럼 느끼거나 행동하지 않는 사람은 없다. 그러나 대다수의 사람들은 그런 행동이 부적절할 때 자신의 행동들을 적절히 통제한다. 아이 양식은 아이의 관점에서 세상과 타인을 바라보는 방식이다. 강한 감정을 경험할 때, 아이들은 다른 사람의 관점을 존중하거나 받아들이는 것을 힘들어한다. 아이 양식이 작동하는 어른들이 이와 아주 유사한 감정을 느낀다. 나아가서 아이 양식이 타인에게 드러내는 행동은 아이의 행동과 닮았다. 충동을 억누르지 못해 직장 상사와 대화를 하다가 어린 아이처럼 눈물을 흘리기도 하고, 연인과 다투다가 문을 매우 거칠게 닫고 들어가는 행동 등이 이에 해당된다.

> 현재의 상황만으로는 충분히 설명되지 않는 강한 감정을 느낄 때 아이 양식이 활성화된다. 아이 양식이 활성화되었을 때 느끼는 슬픔, 분노, 수치심, 외로움 등은 과장되어 있을 수 있고, 가라앉히기도 매우 힘들다.

아이 양식은 거절당했을 때, 혼자 남겨졌을 때, 또는 압박감을 느낄 때 자주 활성화된다. 그런 상황에서는 객관적으로 적절하지 않음에도 불구하고 친밀함, 안전함, 자율성 등의 기본 욕구들이 위협당한다고 느낄 수 있다(상자 2.1).

> **상자 2.1: 핵심 정서 욕구**
>
> 핵심 정서 욕구는 모든 사람들에게 중요하다. 하지만 사람에 따라 더 강한 욕구가 있는 반면, 덜 강한 욕구가 있기도 하다. 심리도식치료에서는 핵심

> 정서 욕구를 다섯 가지 범주로 나눈다(Young, Klosko, & Weishaar, 2006).
> 1. 타인과의 안정 애착: 다른 사람들과 친밀감을 느끼는 것은 중요하다. 애착에 대한 욕구에는 안전감, 안정감, 관심, 사랑 그리고 타인에게 수용 받는 것이 포함된다.
> 2. 자율성, 유능감, 정체성: 자신이 누구인지 그리고 무엇을 잘 하는지 알아야 한다.
> 3. 타당한 욕구와 감정을 표현할 자유
> 4. 자발성과 유희
> 5. 현실적 한계 및 자기통제: 다른 사람들에 의해 정해진 합리적인 경계를 수용하는 것과 한계를 아는 것은 아이들에게 특히 중요하다.
>
> 심리적인 문제를 겪고 있는 사람들은 흔히 이러한 정서 욕구들을 충족시키는 데에 어려움을 느낀다.

한번 자신이 친구와 영화를 보기로 약속했고, 그 약속을 진심으로 고대하고 있었다고 상상해보자. 친구가 이 일정을 취소하자고 했을 때, 자신이 아이 양식으로 반응을 했다면 굉장히 실망하고, 버림받은 것 같고, 사랑 받지 못한 것 같아서 화가 나게 될 것이다. 만약 어른스러운 관점에서 생각한다면, 친구가 평소에 자신을 굉장히 아낀다는 사실을 떠올리고 불가피하게 약속을 지키지 못하게 된 이유를 이해할 수 있을 테지만, 지금의 자신은 감정에 복받쳐 울기 시작하고, 침대로 기어들어가 이불을 뒤집어 써버린다.

감정적인 문제를 겪고 있는 사람들 중 대다수가 아이 양식을 아주 강하게 체험한다. 아주 사소해 보이는 사건이 강한 부정적인 감정을 불러일으킨다. 또 다른 예를 들어보자. 미용실에 들러 새로운 모습으로 탈바꿈했지만 동료 중 한 명이 자신의 모습을 칭찬하지 않고 지나친 것이다. 아마도 그 동료는 변화를 알아채지 못했거나 몹시 바쁜 상태였을 것이다. 하지만 자신이 아주 취약한 아이 양식을 갖고 있다면, 마치 외톨이가 된 것만 같은 기분을 느끼게 될지도 모른다. 이번 장에서는 아이 양식이 더 쉽게 자극 받는 사람들에 대해서 다룰 것이다.

세 가지 유형의 아이 양식 심리도식치료에서는 아이 양식을 크게 세 가지로 나눈다. 취약한 아이 양식은 부끄러움, 외로움, 긴장, 슬픔, 두려움 등 우울이나 불안과 관련되어 나타난다. 두 번째 아이 양식은 성난 또는 충동적인 아이 양식인데, 이 양식은 분노, 충동, 반항심 등을 주로 느낀다. 충동적인 행동은 순간적으로 일어나고, 행동의 부정적인 결과를 고려하지 않는다. 직장 상사에게 비난을 받아 상처를 입은 사람이 홧김에 난폭하게 운전을 하는 식이다. 세 번째 아이 양식은 행복한 아이 양식이다. 우리는 이 양식을 건강한 양식이라고 여기는데, 호기심과 장난기를 갖고 다양한 활동을 편안하고 재미있게 누릴 수 있게 하는 양식이기 때문이다.

이 중 자신에게 친숙한 양식이 있다면, 취약한 아이 양식을 "어린 리사"라고 부르거나, 성난 아이 양식을 "고집 센 톰"이라고 부르는 등 자기만의 이름을 붙여 보아도 좋을 것이다. 아이 양식이 고개를 내밀 때마다 이름을 불러 소통을 시도해볼 수 있도록 말이다.

> 💗 **모든 사람은 슬픔과 분노를 때때로 느낀다.**
>
> **그렇다면 아이 양식이 활성화 되어 비롯된 감정과 "자연스러운" 감정은 어떻게 구분할 수 있을까?**
>
> 분명히 모든 사람들은 아이 양식과 관련된 감정들에 아주 익숙하다. "자연스러운 감정"과 아이 양식을 구분하는 가장 쉬운 방법은 아이 양식은 아주 작은 사건으로도 활성화될 수 있다는 점이다. 자신이 느끼는 부정적인 감정의 강도가 사건이나 상황과는 조화를 이루고 있지 못한다. 더욱이 아이 양식이 작동하는 상황에서는 격한 감정과 행동을 통제하기가 무척 어렵다는 사실을 기억하도록 하자.

그림 2.1 아이 양식들

표 2.1 아이 양식에 이름 붙이기

양식	취약한 아이 양식	성난/충동적인 아이 양식	행복한 아이 양식
내가 붙인 이름			
연관된 감정들	• 불안 • 슬픔 • 외로움 • 절망 • 무력함 • 부끄러움 • 버림받음 • 의존 • 학대 • 모욕	• 짜증 • 격노 • 분노 • 충동 • 반항 • 고집 • 훈육안된 • 버릇 없는	• 장난기 많은 • 편안한 • 호기심 • 재미 • 마음 편한 • 안전함 • 자신감

2.1 취약한 아이 양식

취약한 아이 양식은 모든 슬프고 불안한 감정들과 연관된다. 대다수의 사람들은 자신을 가장 힘들게 하는 감정이 무엇인지 알고 있고, 여러 감정이 복합적으로 떠오르는 현상에도 익숙하다. 다음 사례들을 통해 자신이 취약한 아이 양식과 소통하기 위해 무엇에 집중해야 하는지를 알 수 있을 것이다. 또한 어떤 상황에서 아이 양식이 활성화 되는지도 알아볼 수 있다. 물론 아래의 사례들은 절대적이지 않으며, 자신의 아이 양식은 다른 다양한 감정들과 연결되어 있을 수 있다는 사실을 염두에 두자.

버림받음 또는 불안정함 자신이 버림받음의 강렬한 감정으로 고통 받고 있다면, 자신이 다른 사람들에게 버림받거나 곧 그렇게 될 것이라는 두려움을 느낄 것이다. 심지어 가까운 친구들이나 가족들과 함께 있을 때도 외로움을 느낄 수도 있다. 심한 외로움이나 버림받은 것 같은 감정을 느끼는 사람들은 주로 어렸을 적에 버림받은 경험을 했을 수 있다. 부모가 가족을 떠났거나, 강한 애착을 가졌던 상대가 사망했거나, 자신을 계속해서 밀어내는 위탁 가정에서 자란 경우 등이 해당된다.

> 🎁 **사례 예시 "버림받음"**
>
> 소피아는 34세의 중학교 교사로 불안 발작과 해리증상, 그리고 이인증에 시달린다. 이 문제는 소피아가 태어나 성장한 곳에서 가족들과 함께 시간을 보낸 후 자신의 아파트로 돌아가야 할 때마다 발생한다. 소피아는 자신이 사는 곳에도 친구들이 있지만 외로움을 느끼고 버림받은 것처럼 느낀다. 그녀는 상담사에게 자신이 다른 사람들에게 친밀감을 느끼지 못하고, 자신의 모든 관계들은 피상적인 것 같다고 고백한다. 이 주제에 대한 이야기를 할 때, 소피아는 갑작스럽게 심한 슬픔을 느끼고, 누구도 자신의 곁에 머물지 않을 것 같다는 느낌에 사로잡힌다. 상담사는 이것이 그녀가 반복해서 어머니와 같은 존재를 잃은 경험과 관련이 있다고 제안한다. 소피아의 생모가 사망했을 때 그녀는 겨우 두 살이었고, 끔찍하게 사랑했던 양어머니가 갑작스러운 뇌출혈로 사망했을 때 그녀는 열여섯 살이었다.

사회적 소외 어떤 사람들은 다른 사람들과의 소속감을 느끼는 데에 어려움을 겪는다. 그들은 세상으로부터 단절된 것만 같은 소외감을 느낀다. 이 감정은 거처를 자주 옮겨본 경험이나, 매우 엄격한 종교 단체 속에서 생활이 제한되었던 경험 등에서 비롯되곤 한다. 또한 가족이나 형제/자매들로부터 소외당한 기억도 큰 상처로 남을 수 있다. 성인이 되어서도 저녁 식사에 자리 배정 같은 아주 사소한 사회적 신호에도 소외된 아이 양식이 활성화 될 수 있다.

> 🎁 **사례 예시 "소외"**
>
> 어렸을 적에 메건은 가족들과 함께 자주 이사를 다녔다. 메건은 언제나 "새로 들어온 아이"였고, 또래 친구들에게는 낯선 사람이었기 때문에 소외감을 느꼈다. 현재 메건은 대학에 입학해 좋은 친구들을 사귀었다. 하지만 친구들이 메건이 없을 때 계획을 세우거나 하면, 친구들은 그런 의도가 아니었는데도 메건은 쉽게 소외감을 느낀다.

불신 및 학대 불신은 지속적인 위협감과 함께 따라온다. 언제나 위험을 경계하고 타인을 의심한다. 강한 불신을 느끼는 사람들에게는 언제나 방어적으로 행동할 준비가 되어 있고, 타인이 끼칠 만한 피해에 노출되지 않으려 한다. 위에 설명된 감정들처럼 불신 또한 아동기의 경험에서 시작되는 경우가 많다. 아동기에 성적 학대를 당한 여성은 문고리가 돌아가는 소리에도 신경이 곤두설 수 있다. 다른 예로는 등교하는 길에 괴롭힘에 시달렸던 사람은 성인이 되어서도 누군가가 자신의 뒤에서 가까이 걷는 것을 견디지 못할 수도 있다.

> 🎁 **사례 예시 "불신 및 학대"**
>
> 아스트리드는 어둠을 몹시 두려워해서, 언제나 불을 켜 두고 잔다. 남편이 외출 중일 때에는 친구의 집에 찾아가 밤을 보내곤 한다. 밖에서 예상치 못한 소리가 들려오면 온몸이 얼어붙고 겁에 질려 버린다. 길에서 드리우는 그림자 하나하나가 아스트리드를 무력감에 떨게 만든다. 아이였을 적에 아스트리드는 종잡을 수 없이 폭력적인 아버지 밑에서 자랐다. 아버지는 기분이 상

할 때마다 아스트리드와 형제들에게 손찌검을 했다. 어머니도 폭력의 피해자였기 때문에 아이들을 위해 아무것도 해줄 수 없었다.

결함 및 수치심 수치심은 아이 양식이 가질 수 있는 지배적인 감정 중 하나다. 스스로에게 결함이 있다고 느끼거나, 열등감을 느끼거나, 나쁘다고 느끼거나, 다른 사람들이 자신을 원하지 않는다는 감정들과 연결되어 있다. 자신이 사랑과 관심, 존중을 받을 가치가 없다고 생각한다. 대신에 스스로를 끔찍하게 수치스러운 사람으로 볼 것이다. 이런 감정을 느끼는 사람들은 아동기와 청소년기에 자신을 깎아내리는 말들을 들었거나 수치심을 느낄 만한 대우를 받은 적이 많았던 것으로 볼 수 있다.

🎁 사례 예시 "결함 및 수치심"

다니엘이 고등학교 때 만난 한 선생님은 몇몇 학생들을 편애하였다. 다니엘은 그중에 한 명이 아니었다. 성장기에 다니엘은 너무 빨리 자랐기 때문에 몸이 어색하게 느껴졌고, 실수도 잦았다. 다니엘이 어색한 행동을 하거나 넘어질 뻔할 때마다 선생님은 다니엘을 웃음거리로 만들었다. 반 전체가 웃음을 터뜨릴 때, 다니엘은 쥐구멍에라도 숨고 싶었다. 20년 후 현재 다니엘은 성공적인 IT 카운셀러로 활동하고 있다. 한번은 회의 중에 실수로 게시판에 걸려 넘어지는 바람에 동료들이 웃음을 터트린 적이 있었다. 그 순간 다니엘은 견딜 수 없는 수치심과 무력감을 느껴서 화장실로 뛰쳐나갔고, 진정하는 데 시간이 꽤 걸렸다.

정서적 결핍 정서적 결핍으로 고통 받는 사람들은 자신의 아동기가 "전반적으로 괜찮았다"고 회고한다. 하지만 실제로 보살핌을 받거나 사랑을 받아본 느낌은 없다. 이들에게는 안정감, 친밀함, 애착이 부족하다. 성인이 되어서도 지속적인 정서적 어려움을 호소하지 않는 것이 보통이다. 그리워하는 것도 별로 없다. 그럼에도 그들은 다른 사람들에게 자신이 중요하지 않다고 느끼고, 이로 인해 고통 받는다.

> 🎁 **사례 예시 "정서적 결핍"**
>
> 스티븐은 38세 마케터로, 자신의 업무에 뿌듯함을 느끼며 직장 상사가 만족할 만한 성과를 낸다. 그의 결혼 생활은 행복하고, 또한 친구도 있다. 그럼에도 스티븐은 다른 사람들과 가깝고, 그들로부터 사랑 받는다고 느끼지 못한다. 스티븐은 직장에서도, 사생활에서도 자신이 사랑 받는다는 증거를 찾으려고 노력한다. 많은 사람들이 그를 좋아하고 호감을 표현하지만, 스티븐은 그들의 애정을 느끼기 어려워한다. 스티븐은 자신의 아동기가 "괜찮았다"라고 말한다. 그의 부모님은 언제나 아주 바쁜데다 자주 자리를 비웠기에, 아이들을 돌보는 일을 최우선 순위에 두는 것이 힘들었을 것이라고 자주 느꼈다.

의존과 무능력 자신이 혼자서는 아무것도 할 수 없을 것만 같고 주체적인 판단을 내리기가 어려울 때, 의존적인 아이처럼 행동하게 된다. 학교를 가는 것과 같은 중요한 선택을 해야 할 경우에는 부모에게 결정을 맡기는 게 일반적이다. 그러나 부모님이 자신에게 직접 판단을 내릴 기회를 별로 주지 않고, 자신의 의견과는 다르게 부모들의 선택을 밀어붙인 적이 많다면, 어른이 되어서도 타인에게 의존적인 경향을 유지할 수도 있다. 심지어 자신이 무엇을 원하는지 모르면서 성장하게 될 수도 있다. 성인이 되어서도 부모님이나 파트너가 자신의 삶을 대신 책임져 줄 것이라고 믿게 된다.

> 🎁 **사례 예시 "의존과 무능력"**
>
> 마저리는 24살이 되어 밥과 결혼할 때까지 부모님과 함께 살았다. 밥이 직장에 나가면 마저리가 집안일을 한다. 마저리는 언제나 부모님의 가게에서 일을 해왔고 다른 직장을 갖는 것은 꿈에도 생각해본 적이 없다. 마저리는 부모님과 가까운 곳에서 살면서 매일같이 집을 방문한다. 어떤 결정을 내려야 할 때마다 부모님과 남편의 조언을 구한다. 무엇을 먹어야 할지, 집을 어떻게 꾸며야 할지, 무슨 옷을 입어야 할지는 어머니에게 묻고, 다른 문제는 밥에게 판단을 맡긴다.

2.1.1 자신의 취약한 아이 양식과 소통하기

위 사례들을 읽으면서, 취약한 아이 양식이 무엇을 느끼는지 감을 잡았을 것이다. 다음의 내용들도 자신이 취약한 아이 양식을 갖고 있는지 확인하는 데에 도움이 될 것이다. 다음 중 하나의 문장에 자신이 강하게 동의한다면, 이를 잘 살펴보자. 만약 조금만 공감된다면, 이런 느낌들과 친숙하기는 하나 큰 문제를 일으키지는 않고 있을 것이다.

- 나는 완전히 혼자라고 자주 느낀다.
- 나는 약하고 무력하게 느낀다.
- 아무도 나를 사랑하지 않는 것 같이 느낀다.

한 개 이상의 지문에 동의하는가? 만일 자신이 별다른 이유 없이 슬프고, 버림받은 것 같고, 불안하다고 자주 느낀다면, 자신이 취약한 아이 양식을 가졌기 때문일 가능성이 크다. 그리고 그 양식은 자신의 어린 시절과 관련되어 있을 가능성이 크다.

만일 자신의 취약한 아이 양식을 좀 더 자세하게 알아보고 싶다면, 다음의 질문들이 도움이 될 것이다. 작업지 2, "나의 취약한 아이 양식"을 사용해도 좋다.

무엇이 나의 취약한 아이 양식의 흔한 촉발자극인가? 어떤 상황에서 나타나는가?

- 이 양식이 활성화 되면 나는 어떤 감정을 느끼는가?
- 이 양식이 활성화 되면 나에게 어떤 생각이 떠오르는가?
- 어떤 기억이나 심상이 나의 취약한 아이 양식과 관련이 있는가?
- 이 양식이 활성화 되면 나의 신체는 어떻게 느끼는가?
- 이 양식이 활성화 되면 나는 어떻게 행동하는가? 다른 사람들을 어떻게 대하는가?

만일 일상에서 자신의 취약한 아이 양식을 인지하려고 노력한다면, 자신은 금방 취약한 아이 양식을 잘 이해하게 될 것이다. 무엇이 취약한 아이 양식을 반복해서 자극하는지도 배우게 될 것이다.

작업지 1, "나의 양식 한눈에 보기"의 빈칸을 채워 보자.

작업지 1: 나의 양식 한눈에 보기

- 나의 아이 양식

- 나의 부모 양식

- 나의 대처 양식

- 나의 건강한 어른 양식

작업지 2: 나의 취약한 아이 양식

- 내가 지어준 이름(예, 어린 리사)

1. 어떻게 취약한 아이 양식의 존재를 알아챌 수 있을까?

   무엇이 나의 취약한 아이 양식을 활성화시키는가?

   이 양식에서 나는 어떤 감정을 느끼는가?

   이 양식에서 나는 어떤 생각을 하는가?

   어떤 기억들이 연관되어 있거나 떠오르는가?

   이 양식에서 나는 어떤 감각을 느끼는가?

   이 양식에서 나는 어떻게 행동하는가?

2. 취약한 아이 양식이 활성화 되었을 때 나는 다른 양식으로(예: 성난 아이 양식이나 대처 양식으로) 전환하는 경향이 있나? 그렇다면 어떤 양식으로 전환하는가?

3. 내 취약한 아이 양식의 진정한 욕구는 무엇인가?

4. 내 행동이 내 욕구를 충족시키는가(예: 친밀함을 향한 욕구)?

2.1.2 타인의 취약한 아이 양식 알아차리기

만일 어떤 사람이 쉽게 겁을 먹고, 불안정하고, 자주 운다면 그 사람은 취약한 아이 양식을 갖고 있을 가능성이 크다. 재차 확인을 하거나("정말 내가 너희들 저녁 모임에 참석해도 괜찮아?"), 세상을 흑백논리로 바라본다면(친구의 행동을 살짝 지적했는데, 친구는 당신이 자신을 완전히 등졌다고 생각한다), 이 또한 취약한 아이 양식이 작동하는 신호다.

친구, 가족, 또는 동료가 취약한 아이 양식을 드러내었던 어떤 상황이라도 떠올릴 수 있는가? 무엇이 그들을 취약한 아이 양식으로 바뀌게 했는지 짐작할 수 있는가? 그들은 그때 어떻게 행동했으며, 그 상황에서 그들의 욕구에 대한 실마리는 가지고 있는가? 당신은 그들에 대해 어떻게 느꼈으며 어떻게 반응했는가?

자신은 연민을 느낀다고 표현했을 수도 있지만, 논쟁이나 정리가 도움이 안 되어 보이기에, 감당하기 버겁다거나 무력함 또는 전혀 건설적이지 않은 행동들에 짜증을 느꼈을 수도 있다. 만약 그때 자신이 무엇을 느꼈는지를 되짚어 본다면, 자신이 취약한 아이 양식에 있을 때 다른 사람들이 어떻게 느꼈을지 이해하기 쉬울 것이다.

2.2 성난 아이와 충동적인 아이 양식

소위 성난 또는 충동적인 아이 양식이라고 불리는 이 양식도 자신을 어른스럽게 행동하지 못하게 한다. 이 양식은 자신의 욕구가 존중 받지 못했다고 느낄 때 활성화 된다. 하지만 취약한 아이 양식과는 달리 이 양식은 분노처럼 "뜨거운" 감정들과 관련되어 있다. 이 양식에서 자신의 행동은 분노에 차 있을 수도 있고, 반항적일 수도 있고, 버릇없을 수도 있다. 안하무인으로 행동하는 것도 이 양식에 포함된다.

이 감정과 행동들의 공통점은 무엇인가? 가장 중요한 점은 이들은 모두 과장되거나 부적절한 방법으로 욕구를 표현한다는 것이다. 과도하게 감정적인 반응, 지나친 폭력성, 제멋대로인, 후퇴하는, 충동적인 행동 등이 이에 속한다. 하지만 기저에 깔린 욕구들을 면밀히 이해할 필요가 있다. 욕구가 충족되지 않으면 당연히 화가 난다! 하지만 욕구가 충족되지 않았다고 해서 이런 양식을 따라 행동하게 되면, 그것은 대개 부적절한 행동이 된다. 명료성과 편의를 위해, 이제부터 위에 서술된 모든 감정과 행동들을 포함한 양식을 "성난 아이 양식"이라고 지칭할 것이다. 이후 당신은 이 양식의 다양한 면들에 대해 배우게 된다.

많은 경우에 성난 아이 양식은 지난 장에서 다룬 취약한 아이 양식과 함께 나타난다. 영화 약속이 취소되었을 때 친구에게 먼저 굉장히 화가 나고, 그 후에 슬프고, 외롭고, 버림받은 것 같은 감정들이 찾아올 수 있다. 이 경우 성난 아이 양식이 먼저 자극된 후에 취약한 아이 양식이 따라온 것이다. 순서가 뒤바뀌는 경우도 물론 있는데, 이 경우에는 처음에는 외롭고 버림받았다고 느끼지만 시간이 흐를수록 화가 나게 된다. 많은 사람들이 상대를 만나면서 뒤섞인 여러 가지 감정을 한꺼번에 경험한다. 화가 난 채로 친구를 만났지만, 말하는 도중 울음을 터트릴 수도 있다. 이때 취약한 아이 양식과 성난 아이 양식이 동시에 존재한다.

성난 아이 양식 안에서도 다양한 감정들이 각자의 역할을 수행하고 있다. 그 중 어떤 감정이 가장 지배적인지를 파악하는 것이 중요하다. '맹목적인 분노'인가 아니면 반항심이나 고집인가? 부당한 대우를 받았기 때문에 화가 났는가? 또는 자신은 특별하기에 모두가 지켜야 할 선을 받아들이지 못하고 있는가? 다음 예시들은 성난 아이 양식에서 사람들이 흔히 경험하는 감정들을 묘사한다. 물론 이 감정들이 혼합되어 나타나는 것도 충분히 가능하다.

분노 욕구(예: 인정, 관심 등)가 충족되지 않는다면, 화가 난 상태가 지배적일 때 초조해지거나 강한 짜증을 느낄 것이다. 이런 분노는 날 선 비난이나 상처를 주는 발언 등으로 굉장히 강하게 표출될 수도 있다. 자신은 분노를 "삼키는" 유형일 수도 있다. 하지만, 강하게 드러나지는 않더라도 자신의 분노를 다른 사람들은 여전히 알아챌 수 있을 수도 있다.

🎁 사례 예시 "성난 아이 양식"

41세 엔지니어인 매튜는 모든 사람들에게 친절하게 대하려고 한다. 언제나 좋은 인상을 주고 싶어한다. 그와 동시에 쉽게 상처받고, 소외감을 느끼고, 부당한 대우를 받고 있다고 느낀다. 아이였을 때, 매튜는 매정한 비판을 받으며 자랐고 사랑과 관심을 받은 기억은 거의 없다. 아마도 그런 경험이 매튜가 비판에 특히 아파하는 이유일 것이다. 자신이 비판이 대상이 될 때, 매튜는 매우 화가 나서 비꼬는 말과 시비를 거는 듯한 이메일로 응수하곤 한다. 상대는 그저 조언으로 도움을 조금 주고 싶었을 뿐인데도 말이다.

격노 격노가 지배적일 때, 이 양식 속에서 자신의 감정들은 굉장히 격앙되어 있다. 울화통 터진 아이 양식에서 자신은 완전히 통제 불가능한 상태에 빠질 수도 있다. 물건을 부수거나 사람들을 다치게 할지도 모른다. 울화통 터진 아이는 통제가 불가능하고, 가로막는 모든 것을 때리고, 고함치고, 잠재적 공격자들로부터 자신을 맹렬하게 방어한다. 분노와 격노는 매우 비슷한 감정이지만, 감정의 강도가 얼마나 강한지에 따라 둘을 구분할 수 있다. 분노보다 격노가 더 강렬하고 통제하기 어렵다.

🎁 사례 예시 "울화통 터진 아이 양식"

플로렌스는 간호사로서 야간 근무를 하고, 세 아이를 부양하고 있다. 플로렌스는 자주 업무와 가정에 대한 책임감이 버겁게 느껴진다. 귀가할 때 완전히 탈진하여 과민한 상태일 때가 많다. 아이들이 아무렇게나 벗어둔 외투와 학교 가방을 보면, 플로렌스는 화가 머리끝까지 뻗치기 시작한다. 그러면 문을 쾅 닫고 큰 소리로 욕설을 한다. 남편은 플로렌스가 과민 반응을 한다며 마음을 가라앉히라고 말하지만, 플로렌스에게는 별로 도움이 되지 않는다. 조금만 거슬리는 일이 생겨도 플로렌스는 또다시 역정을 내기 시작한다.
아동기에 플로렌스는 대부분의 시간을 혼자 지냈다. 어머니는 일을 하셨고, 아버지는 가정에 대한 책임감이라고는 찾아볼 수 없는 심각한 알코올 중독자였다. 아버지는 자주 격노를 폭발시켰는데, 그건 아주 두려운 경험이었다. 플로렌스는 일찍 독립심을 갖게 된 밝은 아이였지만, '항상 힘들게 살아가야 한다'는 사실에 울화통이 터졌다.

반항 반항할 때 자신은 분노를 느끼지만 이를 직접적으로 표현하지는 않는다. 그러나 반항적인 방식이나 수동공격적인 행동을 하기 때문에 다른 사람들은 자신이 화났다는 사실을 분명하게 감지할 수 있게 된다. 어렸을 적에 자율성을 존중 받지 못한 사람들은 반항적인 성난 아이 양식("당연히 나한테는 안 물어보지")이 발달했을 가능성이 높다. 반항하는 아이 양식의 주도적인 감정은 주로 불공정함이다.

충동 자신이나 타인에게 미칠 부정적인 결과는 고려하지 않고, 매 순간의 욕구만을 따라서 충동적으로 행동한다. 흔한 예로는 불필요한 일에 감당하기 어려운 지출하기, 마약과 알코올 남용, 위험한 성관계, 폭식 등이다. 이런 행동들의 공통점은 순간적인 욕구가 무슨 일이 있어도 충족되어야 한다는 것이다. 타인의 눈에는 이런 행동들이 부적절하거나 불필요해 보이며 충동적인 아이 양식을 가진 사람들 역시 자신들이 저지른 일을 추후에 후회한다. 하지만 충동적인 아이 양식이 지배적이면 욕망보다 우선시되는 건 없다.

🎁 사례 예시 "충동적인 아이 양식"

21살 수지는 공부를 시작하기 위해 최근에 다른 도시로 이사했다. 수지는 학생의 삶을 즐긴다. 수지는 매일 밤을 밖에서 즐기고, 되는 대로 술을 마시고, 모르는 사람과 잠자리를 갖는다. 술이 깨면 성병과 임신의 위험을 무릅쓰고, 피임 기구를 사용하지 않았다는 사실에 충격을 받기도 한다. 하지만 다음 파티가 시작되면, 그런 걱정은 뒷전으로 밀리고 같은 상황이 되풀이된다. 시간이 흐른 후에 수지는 등교도 잘 하지 않고, 감당할 수 없을 정도로 돈을 쓰는 바람에 곤경에 빠지게 되었다.

수지는 다소 혼란스러운 환경에서 자랐다. 부모님은 아이들은 무엇이든 도전해볼 수 있어야 한다고 믿었고, 수지에게 아무런 제약도 걸지 않았다. 게다가 부모님은 자주 부재중이셨기 때문에 비슷한 생활방식을 가진 언니가 수지를 키우기도 했다.

응석받이 충동적이고 버릇없는 경향에는 겹치는 부분이 많다. 하지만 충동적인 아이 양식을 가진 사람들은 길게 보았을 때에는 자신의 충동적인 행동에 대한 보다 비판적인 시각을 갖고 있는 반면, 버릇없는 아이 양식을 갖고 있는 사람들은 자신의 행동에서 아무런 문제를 느끼지 못한다. 자신은 다른 사람들이 가져야 하는 책임감으로부터 자유롭다고 생각하기 때문이다. 이들은 아동기에 응석받이로 자랐을 가능성이 크다. 두 양식 모두 다른 사람들이 자신의 욕구를 충족시켜주지 않거나 제한을 하면 모욕감을 느끼지만, 버릇없는 아이 양식에서는 흔히 강한 감정이 동반되지는 않는다.

🎁 사례 예시: 버릇없는 아이 양식

에단은 여자친구 루시와 친밀한 관계를 맺고 있다. 루시는 이해심이 많고, 에단이 원하는 것을 이루는 데에 도움을 준다. 루시는 에단이 그에 대한 보답으로, 집안일을 조금 해주면 좋겠다고 생각한다. 하지만 에단은 장보는 일 같은 일상적인 책무도 하지 않을 때가 많기에 루시는 자주 짜증이 난다. 루시가 이에 대해 지적을 하려고 하면, 에단은 컴퓨터 앞에 앉아 몇 시간이고 입을 다물어 버린다. 에단은 이런 상황들에 반항적으로 물러나기에 루시는 장을 봐 와야 한다는 말이나 에단의 반항적 태도에 대해 말을 꺼낼 수 없게 된다.

에단의 어머니에 대해 알게 되었을 때에야 비로서 루시는 에단이 왜 그렇게 행동하는지 감을 잡을 수 있었다. 에단의 어머니는 에단을 응석받이로 키웠고, 아직도 그가 원하는 것이라면 무엇이든 들어준다. 또한 그 대가로 어떤 책임도 타인에 대한 배려도 요구하지 않는다. 에단의 어머니는 다른 사람들의 사생활에 양해를 구하지 않고 간섭하기도 한다. 이제 루시는 에단이 어떻게 그런 반항적이고 버릇없는 태도를 배우게 되었는지 알게 되었다.

훈육의 부재 훈육안된 아이 양식을 가진 사람들은 평범한 일상의 책임을 지는 것이 어렵기에, 지겹고 귀찮은 과제를 끝까지 마칠 수가 없다. 삶의 목표에 있어 아주 중요한 요소들이 무시되기도 한다. 훈육안된 아이 양식을 가진 사람들은 다른 사람들이 자신의 일을 대신 해주리라 기대하지는 않는다는 점에서 응석받이들과는 다르지만, 가끔 그렇게 기대하기도 한다. 하지만 대개는 중요한 일을 처리하지 않고 삶을 살아간다. 그들에게는 지루한 업무가 주는 고통에 대한 내성이 없다. 최악의 경우 이 양식은 만성적이고 심각한 문제를 일으키기도 하는데, 이런 현상을 표현하는 데 "미루기"라는 용어를 사용하기도 한다.

> 🎁 **사례 예시: 훈육안된 아이 양식**
>
> 에단("버릇없는 아이 양식" 참고)은 법 공부를 하는 데 중요하지만 지루한 과제를 수행해내기 몹시 어려워한다. 규칙적으로 공부하고 논문을 완성하기가 힘들다. 간혹 논문을 쓰기 시작하더라도 결국에는 게임을 하거나 인터넷을 뒤지거나 텔레비전을 보고 있는 자신을 발견한다. 루시는 학교에서 에단이 "똑똑한 아이"였다는 것이 에단에게는 큰 도움이 되지 않았다고 생각하는데, 그 때문에 규율을 지키고 지루한 과제를 수행하고, 책임지는 것을 배울 기회를 놓쳤다고 보기 때문이다.

2.2.1 성난 또는 충동적인 아이 양식과 만나기

물론 모든 충동적인 또는 성난 행동들을 역기능적인 양식의 일부로 간주해서는 안 된다. 분노는 자신이 정한 한계나 권리가 침해 받았을 때 일어나는 정상적인 감정이고, 모든 사람들은 때때로 분노를 경험한다. 심지어 분노를 느끼지 못한다면 문제가 된다. 정당한 분노를 일으키는 상황은 숱하게 많고, 대다수의 사람들은 자신이 하기 싫은 일들을 최대한 미루려고 한다. 게다가 누구나 허기가 지거나 피곤할 때에는 예민하게 반응할 수 있다. 이런 반응들은 성난 아이 양식이라고 볼 수 없다.

우리는 어떤 사람이 다양한 성난 아이 양식과 연관된 방식으로 자주 반응할 때, 그리고 그런 방식이 그 사람의 삶에 심각한 문제를 일으킬 때, 그 사람에게 성난 아이 양식이 작동한다고 말한다. 성난 아이 양식은 다른 사람들을 공격하거나 위협하기 때문에 직업이나 관계를 위험하게 만들기 마련이다.

다음 문장들은 자신이 성난 아이 양식을 가졌는지를 알아보는 데에 도움을 줄 것이다. 이 항목들은 정답이 없다는 점을 알아두자. 자신이 어떻게 느끼는지가 가장 중요하다.

- 나는 화가 날 때 자제력을 잃는다.
- 나는 타인이 어떻게 생각하든 느끼든 간에 내가 하고 싶은 일을 한다.
- 나는 규칙을 어기고 난 후에 후회한다.
- 사람들이 지키는 정상적 규칙은 내게 해당되지 않는다고 생각한다.

2.1절(취약한 아이 양식)은 모두 슬프고, 약하고, 외롭고, 열등감을 느낄 때에 대한 이야기였다. 취약한 아이 양식과 관련된 감정을 느끼는 것은 매우 고통스럽다. 반면, 성난 또는 충동적인 아이 양식을 갖고 있다면 자신이 강하고 힘이 있다고 느낄 가능성이 크다. 다른 사람들을 깔아뭉개는 건 기분 좋은 일일 수 있다. 하지만 이후에는 그 행동들이 부끄럽게 느껴지거나 슬픔이나 버림받음 등의 감정이 뒤따라서 분노가 폭발할 수도 있다.

특히 훈육안된 아이 양식이나 충동적인 아이 양식에서 느껴지는 감정들은 그렇게 강하지 않다. 이 양식들은 모두 자신이 원하는 것이나 원하지 않는 것들을 하거나 하지 않는 것과 관련되어 있다. 어린 아이들이 버릇없이 굴어서 원하는 것을 얻을 때처럼 이 양식을 취하는 사람들은 좋은 기분을 느끼곤 한다. 하지만 이런 양식들은 금전적인 문제나 낮은 학교 성적 등 장기적인 문제를 일으킬 수 있다(아래 상자 2.2 문제 행동들을 참고해 보자).

자신의 성난 또는 충동적인 아이 양식은 자신보다 주변 사람들을 더 힘들게 할 수도 있다. 만일 누군가가 자신의 행동이 부적절하고, 독선적이고, 고통스럽다고 말한다면, 게다가 그런 말을 들은 것이 처음이 아니라면 그 말이 맞을

> 🎁 **상자 2.2 문제 행동들**
>
> 심리학자들은 단기적으로는 편안하고 기분 좋지만, 장기적으로는 문제를 일으키는 일련의 행동들을 "문제 행동들"이라고 지칭한다. 반대로 "건강한" 행동은 흔히 단기적으로는 불쾌하거나 지루하지만, 장기적으로는 도움이 되는 행동들이다.
>
> 여기에 문제 행동의 몇 가지 사례가 있다.
> - 흡연: 일시적으로 즐길 수 있지만, 멀리 보면 질병이나 죽음의 원인이 될지도 모른다. 반면 "금연"이라는 건강한 행동은 당장은 굉장히 어렵지만, 장기적으로는 건강을 지키게 한다.
> - 과식: 단기적으로는 기분이 좋을지 몰라도 장기적으로는 비만과 건강 문제를 야기할 수 있다. 다른 대안 행동인 "건강하게 먹고 운동하기"는 바로 실행하기는 힘들지만 분명히 장기적인 도움이 된다.
> - 충동적, 버릇없는, 훈육안된 아이 양식들은 흔히 문제 행동들을 포함한다. 당장은 기분이 좋지만 이후에는 문제를 불러올 것이 분명한 행동들 말이다.

가능성이 크다! 그리고 세금 체납이나 치과 예약 미루기 등의 "문제 행동들"을 하는지도 생각해보자. 성난 충동적인 아이 양식은 어떻게 활성화 되는지, 자신이 어떻게 느끼는지, 자신의 과거사 중 어디에서 유래하는지가 중요하다. 다음 질문들이 자신의 성난 아이 양식을 이해하는 데에 도움을 줄 수 있다.

- 자신의 성난 또는 충동적인 아이 양식의 촉발자극은 무엇인가? 어떤 상황에서 또는 무엇에 가장 활성화 되는가
- 그런 양식에서 어떤 감정을 느끼는가? 짜증, 분노, 격노, 반항 중에 해당 사항이 있는가? 힘이 강하게 느껴지는가 또는 약하게 느껴지는가?
- 취약한 아이 양식이 먼저 나타나고 나서 성난 아이 양식이 나타나는가? 아니면 반대의 순서인가?
- 이 양식에서는 어떤 생각을 하는가? 불공평한 대우를 받았다고 생각한다면, 무엇이 불공평한가?

- 어떤 기억이나 심상이 이 양식과 연결되어 있는가? 이를 알아내기 위해 깊은 상상의 세계에 빠져들어볼 필요가 있다.
- 이 양식 속에서 당신은 대체로 어떻게 행동하는가? 다른 사람들에게 어떻게 반응하고, 다른 사람들은 당신에게 어떻게 반응하는가? 이 중에 어린 시절을 떠올리게 하는 상황은 없는가?

작업지 3, "나의 성난/충동적인 아이 양식"을 사용하면 이 양식을 더 잘 이해하고, 과거 어디에서 유래한 양식인지 이해하는 데 도움이 된다.

📝 작업지 3: 나의 성난/충동적인 아이 양식

나의 성난/충동적인 아이 양식

- 내가 지어준 이름(예: 성깔이)

1. 어떻게 성난/충동적인 아이 양식을 알아챌 수 있을까?

무엇이 나의 성난/충동적인 아이 양식을 촉발하는가?

이 양식에서 나는 주로 어떤 감정을 느끼는가?

이 양식에서 나는 어떤 생각이 떠오르는가?

어떤 기억들이 연관되어 있거나 촉발되는가?

이 양식에서 나의 몸은 어떻게 느끼는가?

이 양식에서 나는 어떻게 행동하는가?

2. 성난 아이 양식이 활성화 되었을 때 나는 다른 양식으로 전환(예: 취약한 아이 양식 또는 대처 양식으로)하는 경향이 있나? 그렇다면 어떤 양식으로 전환하는가?

3. 성난 아이 양식에 있을 때 나의 진정한 욕구는 무엇인가?

4. 나의 행동이 나의 욕구를 충족시키는가?(예: 존중 받고자 하는 욕구)

작업지 4: 나의 성난/충동적인 아이 양식의 장·단점

	장점	단점
단기적		
장기적		

2.2.2 타인의 성난 또는 충동적인 아이 양식 알아차리기

성난 아이 양식의 가장 명백한 신호는 당연히 분노 또는 격노의 표시다. 오직 부적절하거나 과도한 분노만이 성난 아이 양식의 표현으로 간주된다. 어쩌면 자신은 누군가의 좌절감을 이해하는 동시에 그 사람의 반응은 도가 지나쳤다고 생각할 수도 있다. 누군가 사소한 사건 때문에 굉장히 화가 나 있다면, 그 사람은 성난 아이 양식에 있는 것이다. 성난 아이 양식의 영향을 받는 어떤 사람들은 분노를 가라앉히는 데에 어려움을 느끼고, 같은 상황에 대해 똑같은 말을 몇 번이고 되풀이할 수 있다. 자신은 아마 "저 정도면 그만하고 넘어갈 때도 되었는데 또 화를 내는 게 무슨 득이 있겠어?"라고 반응할 수도 있겠지만, 이 말을 실제로 꺼낸다면 상대는 자신을 비난하거나 울기 시작할 수도 있다.

다음의 사고 방식들은 충동적인, 버릇없는, 반항하는, 훈육안된 아이 양식을 나타낸다. 어쩌면 자신의 지지나 도움을 당연하게 받기만 하는 사람을 대면하고 있을 수 있다. 또는 파트너와 조용하고 성숙한 방식으로 문제에 관하여 대화를 원하는데, 상대가 반항하기만 할 때 정말 참을 수 없다고 생각하고 있을지도 모른다. 만일 자신이 "야, 너무 유치하다"거나 "이 사람은 어른이 맞아?" 따위의 생각을 하게 된다면, 그건 상대가 아이 양식으로 행동하고 있기 때문일 가능성이 크다. 만일 어떤 사람이 취약한 아이 양식을 드러낸다면 대다수의 사람들에게 동정심을 느끼게 하는 반면, 성난 또는 충동적인 아이 양식을 드러낸다면 불쾌감을 불러 일으킬 가능성이 크다. 자신은 어른스럽고 이성적으로 행동하려 하지만 상대방이 트집 잡기를 멈추지 않는다면, 슬슬 성질이 올라오는 것은 어쩔 수 없는 일이다. 다른 사람의 양식을 이해하기 위해 스스로에게 다음 질문들을 던져보도록 하자.

- 자신은 상대방의 성난 아이 양식이 왜 활성화 되었는지 이해하는가?
- 상대방이 진정 원하는 것이 무엇이라고 생각하는가? 분노는 자주 소외감과 거절로부터 유발되고, 뒤에 있는 진정한 욕구는 친밀함과 사회적 안정성이다.
- 자신은 이 양식에 어떻게 반응하는가? 어떤 생각이 들고, 어떤 감정을 느끼고, 어떤 행동을 취하는가?
- 성난 아이 양식에 의해 상대방의 진정한 욕구는 얼마나 표현되었으며, 얼마나 성취되었는가? 상대방이 바라는 대로 이루어졌는가?
- 버릇없는 충동적인 양식이 어디서 유래했는지 유추할 수 있겠는가? 부모 또는 다른 중요한 인물들의 태도나 양육 방식이 이런 버릇없고 충동적인 태도에 영향을 미치지는 않았는가? 원하는 것이라면 무엇이든 얻을 수 있는 유년 시절을 보냈는가?
- 성난 그리고 울화통 터진 아이 양식은 어디서 뿌리를 찾을 수 있을까? 중요한 부모상 중에 성난 또는 폭력적 인물이 있었는가? 또는 이 사람은 불공정하고 불량한 어린 시절을 겪었는가?

어떤 사람이 성난 또는 충동적인 아이 양식에 있을 때에는 당신도 그 영향을 받아 덩달아 화가 나거나 좌절하고 또는 그에 따른 행동을 할 수도 있다. 다른 가능성은 자신이 그들의 분노와 불만 앞에 무력함을 느끼는 것이다. 특히 그 사람이 자신의 파트너나 친구일 때, 그 사람과 이런 질문들을 직접 논의해 보는 것이 가장 이상적이겠지만, 그가 건강한 어른 양식에 있을 때에만 논의를 하는 게 바람직할 것이다(5장 참조).

2.3 행복한 아이 양식

자신이 이미 행복한 아이 양식을 가지고 있다면, 그건 큰 행운이다! 이 양식은 재미, 장난끼, 밝은 마음, 호기심 등과 관련 있다. 행복한 아이 양식에서 우리는 놀이를 하고, 테마 파크에 놀러 가고, 영화관을 방문하는 등 재미있는 일들을 기분 좋게 한다. 멋진 옷차림을 하고 축제에 참석하거나 친구들과 카드 게임을 하기도 한다. 행복한 아이 양식에서 우리는 다른 사람들과 어울리면서 친밀감을 느낀다.

강한 행복한 아이 양식은 자신의 정신건강을 보호한다. 성난 아이나 취약한 아이 양식은 행복한 아이 양식과는 여러모로 상반되며, 감정적 문제를 겪고 있는 사람들에게서 자주 발견된다. 취약한 아이 양식이 강한 사람은 행복한 아이 양식이 약할 것이고, 행복한 아이 양식이 강한 사람은 취약한 아이 양식이 약할 것이다.

우리는 이 책을 읽는 여러분에게 행복한 아이 양식을 기르고 강화시키는 것이 중요한 목표라고 생각한다. 행복한 아이 양식은 성난 아이 양식이나 취약한 아이 양식을 대체할 수 있다. 물론 균형을 지키는 것도 잊지 말아야 한다. 언제나 행복한 아이 양식으로 활동하는 것은 부적절할 것이다. "기본 양식"으로 가장 적당한 양식은 건강한 어른 양식이다(5장 참조).

그럼에도 불구하고, 쳇바퀴처럼 굴러가는 일상으로부터 재미있는 일을 찾아내고 활력을 얻을 필요를 느낄 때 그 욕구를 바로 알아채는 것은 중요하다. 그런 상황에서 행복한 아이 양식을 촉진할 수 있는 활동 목록을 마련해 두는 것이 필요하다. 그렇게 하면 자신은 스트레스와 좌절의 순간에도 균형을 찾을 수 있다.

🎁 사례 예시 "행복한 아이 양식"

1. 앤은 열심히 일하는 연구원이다. 그녀는 남편과 함께 세 명의 아이를 키우고 있는데, 빡빡한 일정과 잦은 야근이 겹쳐 시간에 쫓기기 일쑤다. 다행히 앤에게는 행복한 아이 양식을 쉽게 일깨울 수 있는 활동이 몇 가지 있다. 매주 금요일 저녁 시간이면 가까운 친구들과 카드 게임을 한다. 이때 앤은 고민거리를 다 잊고 친구들과 함께 즐거운 시간을 보낸다. 주말에는 아이들과 함께 테마 파크에 가서 롤러코스터를 탄다. 이런 상황이면, 앤은 자신에게 주어진 많은 책임의 무게를 털어낼 수 있다. 행복한 아이 양식이 없었더라면, 앤은 탈진되었거나 우울증을 겪었을지도 모를 일이다. 처벌하는 부모 양식(3장을 보라)이 강했다면, 이런 즐거움을 누리도록 스스로 허락하지 않았을 것이다. 그랬더라면 앤은 균형을 잃고 스트레스와 탈진이라는 악순환에 빠져들었을 것이다.

2. 마이클은 보육원 직원으로 교육을 받았는데, 나중에 교육학을 공부하기로 결심했다. 거기에다 젊은 사람들과 서커스 프로젝트를 진행하면서, 곡예와 음악을 배우고 가르친다. 마이클은 자신의 행복한 아이 양식으로 직업을 삼고, 친구들의 도움을 받아 공연을 열기도 한다. 그는 거리에서 즉흥 연기를 하는 것을 가장 좋아한다. 마이클의 아내는 안정적인 수익을 얻는 직장에 다니기 때문에 마이클의 일이 고정된 수입원이 되지 못하더라도 큰 문제가 없다. 언젠가는 마이클도 보다 안정적인 직장을 얻을 생각이 있지만, 지금은 삶을 즐기는 데에 집중한다.

3. 엠마는 친자식이 없는 60세 교사다. 그럼에도 엠마는 아이들을 사랑하기 때문에 친조카와 외조카 그리고 가까운 친구의 아이들과도 굉장히 친하게 지낸다. 아이들은 엠마 아줌마의 집에서 보내는 휴일을 즐긴다. 엠마는 장난감 가게에 들르고, 아이들과 함께 흥미진진한 여행을 떠난다. 여름이 되면 아이들과 함께 본격적으로 새로운 장난감을 가지고 놀고, 동물원으로 탐험도 떠나게 될 것이다.

2.3.1 나의 행복한 아이 양식과 소통하기

행복한 아이 양식을 알아차리기는 쉽다. 행복하고 마음이 가볍고, 즐겁고, 많이 웃는다. 삶은 대체로 살 만하다고 믿는다. 다른 사람들과 유대감을 느끼고, 부러움이나 질투심을 느끼지 않는다. 삶과 세상이 밝고 찬란하며 다정한 색채로 피어난다. 다음 문장들이 행복한 아이 양식을 설명한다:

- 나는 받아들여졌으며 사랑 받는다고 느낀다.
- 나는 여유롭고, 만족감을 느낀다.
- 주변의 대다수 사람을 신뢰한다.
- 나는 자발적이고 장난끼가 많다.

많은 사람들이 자신의 행복한 아이 양식이 충분히 자주 또는 강하게 나타나지 않는다고 생각한다. 그러므로 스스로에게 다음 질문을 던져보는 것이 좋을 것이다.

- 어떤 행동, 상황, 사람들이 당신의 행복한 아이 양식을 일깨우는가?
- 마지막으로 행복한 아이 양식을 느꼈던 때는 언제인가? 지난 주를 떠올려 보자. 언제 마음이 가볍고 행복했는가?
- 무엇이 당신의 행복한 아이 양식에 속해 있는가? 무엇이 중요한가? 중요한 사람, 특별한 활동, 또는 상황이 있는가? 주말이나, 화창한 날씨처럼?
- 행복한 아이 양식을 보다 쉽게 활성화하려면 어떻게 하면 좋을까? 어떤 사람들은 운동한 후에 더 이완되고, 재미있는 활동들을 시작하기가 쉬워진다고 한다.

작업지 5, "나의 행복한 아이 양식"을 활용해서 자신의 행복한 아이 양식과 친해져 보자. 하지만 삶이 언제나 완벽할 수는 없음을 기억하자! 행복한 경험이 전혀 없다고 생각되더라도 행복한 아이 양식을 조금은 깨워볼 수 있는 방법이 있을 것이다. 이는 당신의 삶 속에서 기회를 찾고 한 걸음씩 가까워지는 과정이다. 행복한 아이 양식에 관한 모든 정보는 작업지 1, "나의 양식 한눈에 보기"에 적어 두도록 하자.

작업지 5: 나의 행복한 아이 양식

- 내가 지어준 이름(예, '행복한 수지')

1. 어떻게 나의 행복한 아이 양식이 존재하는지 알아챌 수 있을까?

무엇이 나의 행복한 아이 양식을 촉발시키는가?

이 양식에서 나는 어떤 감정을 느끼는가?

이 양식에서 나는 어떤 생각을 하는가?

어떤 기억들이 연관되어 있거나 떠오르는가?

나의 몸은 어떻게 반응하는가?

이 양식에서 나는 어떻게 행동하는가?

2.3.2 타인의 행복한 아이 양식 알아차리기

이 또한 아주 간단한 작업이다. 어떤 사람이 웃음과 좋은 기분으로 당신을 덩달아 들뜨게 한다면, 그 사람은 강한 행복한 아이 양식을 가졌을 것이다. 취약한 아이나 성난 아이 양식은 자주 다른 사람들을 겁주고 밀어내는 악순환을 하게 만든다. 행복한 아이 양식은 그와는 정반대다.

강한 행복한 아이 양식을 가진 사람은 가는 곳마다 여유와 웃음을 퍼트린다. 다른 사람들은 이런 사람을 좋아하고, 곁에 있고 싶어한다. 선순환이 반복된다. 자신의 행복한 아이 양식이 다른 사람들을 당신 곁으로 끌어당기고, 당신은 점점 인기가 좋아진다. 그럴수록 소속감이 강해지고 건강하고 안정적인 기분을 느끼게 되는데, 이는 행복한 아이 양식이 더욱 활성화 될 수 있는 밑거름이 된다.

> 🎁 **사례 예시 "행복한 아이 양식"**
>
> 제시카는 아주 성공적으로 행복한 아이 양식을 키워간다. 그녀는 관리자들을 훈련하며 집단 치료자로서 완벽하게 일을 해낸다. 가족들과는 스포츠, 게임, 아이들 연극처럼 많은 활동을 함께 한다. 제시카의 활기찬 기운은 언제나 주변으로 사람들을 끌어 모은다. 시원하게 웃음을 터트리는 그녀의 모습은 꽤나 유명하다. 친구들과 함께 놀 때도 제시카가 있으면 없을 때보다 분위기가 훨씬 생기 있고 여유롭다. 그래서 그녀는 파티나 다른 모임에 자주 초대받게 된다. 직장 동료들도 제시카와 함께할 때의 좋은 분위기 때문에 함께 일하기를 좋아한다.

2.4 요약

이 장에서 우리는 세 가지 아이 양식에 대해 알아 보았다. 취약한 아이 양식은 부끄러움, 외로움, 긴장, 슬픔, 위협과 같은 우울하거나 불안한 감정과 관련되어 있다. 성난 혹은 충동적인 아이 양식은 분노, 울화, 충동, 반항심 등을 경험하게 한다. 행복한 아이 양식은 호기심 많고 활동적인 상태와 연관되어 있으며, 놀이와 활동에서 여유로운 기쁨을 찾게 한다. 이 양식은 건강한 아이 양식이다.

지속적으로 부정적인 사고 방식과 감정에 시달리는 모든 사람들은 적어도 하나 이상의 취약한 아이 양식을 갖고 있고, 그에 더해 성난 혹은 충동적인 아이 양식을 갖고 있을 수도 있지만 반드시 그런 것만은 아니다. 행복한 아이 양식은 발달되지 못했을 가능성이 크고 잘 드러나지도 않는다. 자신의 아이 양식들에 대한 모든 정보는 양식을 요약하는 작업지 1에 적어둘 수 있다.

다음 장에서 자신의 "역기능적(또는 해로운) 부모 양식"과 대면하게 될 것이다. 이 양식은 자신에게 압박을 가하고 또한 타인이 자신을 원하지 않거나 거절당할 것 같이 느끼게 만든다.

다음으로는 이런 어려운 감정적인 경험들을 이겨낼 수 있는 다양한 방법들을 소개받을 것이다. 우리는 까다롭거나 위협적인 상황을 다루는 생존 전략을 "대처 방식"이라고 부른다.

3

역기능적 부모 양식

 이 장에서는 자신을 압박하거나, 스스로 자신을 세상이 원하지 않는 사람이라고 느끼게 만드는 양식들에 대해 배우게 된다. 이 양식은 자신이 똑똑하지도 매력적이지도 않다고 느끼기에 목표를 이룰 수 없을 것이고, 사람들에게 받아들여지지도 않을 것이라고 반복해서 말하는 내면의 목소리이다. 이런 내면의 목소리가 생겨난 기원은 주로 자신의 아동기와 청소년기에 있다. 태어날 때부터 자신을 싫어하는 사람은 없다. 대부분 어렸을 적에 자신과 가까웠던 누군가에 의해 자신이 충분히 좋지 않다거나 원하지 않는 존재라고 느끼게 되었을 것이다. 이 양식들은 어린 시절에 중요한 타인으로부터 들었던 메시지를 포함하고 있다는 뜻에서 "역기능적 부모 양식"이라고 불린다. "역기능적"이라는 말은 이런 맥락에서 "도움이 되지 않는" 또는 "해로운"이라는 뜻을 갖는다.

 유감스럽게도 "역기능적 부모 양식"이라는 이름은 오해 받기 쉬운데, 왜냐하면 어떤 사람이 스스로를 부정적으로 볼 때, 그것을 항상 부모의 잘못으로 생각할 수도 있기 때문이다. 물론 이 양식이 발달하는 데에 있어 부모의 영향이 지대한 것은 사실이지만, 다른 사람들 또한 나중에 "처벌하는 부모 양식"을 형성시킬 만큼 충분한 역할을 할 수도 있다. 너무나 많은 아이들이 학교에서 친구들에게 자주 소외와 괴롭힘을 당한다. 이런 경험은 평생에 걸쳐 소외감을 느끼게 할 수 있다. 가정 내에서는 부모가 아니어도 조부모나 형제 자매들이 비난하고, 무시하고, 학대하여 아이로 하여금 자신이 부족하거나 나쁘다고 느끼게 할 수도 있다. 아이는 부모의 행동들 중 일부로 인해 상처를 입을 수도 있다. 부모가 아이를 사랑하고, 여러 상황에서 그들의 사랑을 표현했지만, 어떤 면에서 아이에게 완벽을 요구했다면, "요구하는 부모 양식"을 발달시킬 수도 있다.

그럼에도 불구하고 우리는 "역기능적 부모 양식"이라는 이름을 계속 사용하기로 했는데, 여러 상황에서 부모 자체가 이런 문제를 일으키는 경우가 많고, 적어도 그런 상황으로부터(예를 들면, 형제 또는 자매의 괴롭힘) 아이를 보호하지 못한 장본인이기 때문이다. 더욱이 이 용어는 전세계적으로 심리도식치료자들에 의해 사용되고 있기도 하다.

아래 상자에는 역기능적 부모 양식과 관련된 세 가지 사례가 소개되어 있다. 어떤 사례는 요구하는 부모 양식을 설명하고, 다른 사례는 죄책감 유발 또는 처벌하는 부모 양식이다. 아마 당신은 벌써 이들 세 가지 양식이 어떻게 다른지 감을 잡았을지도 모른다.

🎁 사례 예시 "역기능적 부모 양식"

1. 에이샤가 친구 헬레나와 말다툼을 하면, 헬레나는 가끔 에이샤가 존재하지 않는 것처럼 종일 한 마디도 하지 않는다. 그러면 에이샤는 자신이 사랑 받지 못하고, 아무도 자신을 원하지 않는다고 느끼게 된다(=취약한 아이 양식). 동시에 에이샤는 말다툼에서 자신의 입장이 타당했음에도 불구하고, 자신의 이기심을 탓하면서, 친구의 기분을 풀어줘야 한다는 강한 압박감을 느낀다(=죄책감 유발 부모 양식). 이런 친구의 반응은 에이샤로 하여금 어린 시절에 에이샤를 처벌하려고 사랑과 관심을 거두는 방향으로 행동했던 어머니를 떠올리게 한다. 에이샤는 어머니의 기준에 맞추지 못할 때마다 강한 죄책감을 느껴 왔다. 아마도 이것이 에이샤가 이런 감정들에 특히 취약해지는 이유일 것이다.

2. 아나벨은 가톨릭 보호 시설에서 심각한 학대를 당하면서 자랐다. 자매들에게 반항하면, 저녁을 먹지 못하게 했을 때도 있었다. 수 년이 지난 후에도 아나벨은 어떤 사람이 잘못을 하면 부끄러움과 자기혐오 때문에 적절하게 반응을 할 수가 없다. 게다가 맛있는 음식을 즐기지도 못한다. 멋진 저녁 식사에 초대받을 때에도 수치심에 압도된다. 단지 자신은 좋은 음식

> 을 먹을 자격이 없다는 생각이 들기 때문이다. 내면의 목소리는 "너는 좋은 음식을 먹기에는 너무 나빠."라고 말하는데, 이는 강한 처벌하는 부모 양식이다. 너무나 자주 자매들의 놀림거리가 되었기에, 부끄러움은 아나벨의 취약한 아이 양식에 속하게 되었다.
>
> 3. 프레디는 학교와 대학 그리고 직장에서 언제나 최상의 성적을 내 왔다. 부모와 선생님들은 프레디의 성취를 칭찬했지만, 점차 시간이 흐르자 당연한 것이 되어버렸다. 현재 그는 28세이며, 여자 친구와 더 많은 시간을 보내고 싶어 한다. 하지만 그는 할 일이 남아있으면 다른 일을 못한다. 급한 일은 절대 미룰 수가 없고, 모든 일은 제 시간에 처리되어야만 한다. 사무실을 떠난 후에도 일에 대한 생각을 멈출 수 없어 휴식을 취하거나 취미 생활을 즐기기 힘들다. 그의 머릿속 내면의 목소리는 줄기차게 '너는 모든 일을 완벽하게 해야만 해.'라고 말한다. 이는 성취를 강조하는 요구하는 부모 양식에 해당된다.

역기능적 부모 양식과 취약한(때로는 성난) 아이 양식은 흔히 함께 온다. 거절 당하거나 비판 받는 위험 상황에서 가장 쉽게 촉발된다. 이런 상황들은 자주 역기능적 부모 양식을 촉발한다. 당신을 비판하는 사람이 당신을 좋아하는 친구여도 그럴 수 있다. 에이샤의 사례가 그렇다. 친구의 비난은 죄책감 유발 부모 양식을 촉발한다.

직장 상사가 자신의 실수를 지적한 적이 있을 것이다. 완전히 평범하고 일상적인 일이지만, 자신은 왠지 모르게 굉장히 죄책감을 느꼈을 수도 있다. 요구하는 부모 양식이 강하다면, 이런 상황에서 쉽게 촉발될 것이다. 심한 비판을 당한 것 같고, 스스로가 무능력하다고 생각할 수도 있다. 사실에 근거한 건설적인 평가라 할지라도 해고당할 것을 두려워할 수도 있다. 이런 경험들은 아마도 자신의 아동기 또는 청소년기에 경험한 무력감이나 부끄러움과 연관되어 있을 수 있다. 이런 감정들은 취약한 아이 양식을 대변하는데, 이는 역기능적 부모 양식과 아이 양식이 함께 촉발되는 사례이다.

그럼에도 불구하고 우리는 아이 양식과 부모 양식을 따로 다루는 것이 몹시 중요하다고 생각한다. 이 책의 후반부에서 이 두 양식을 치료하는 방법이 얼마나 다른지 알게 될 것이다. 취약한 아이 양식은 보호와 안정을 원하기에 당신은 취약한 아이를 돌보는 방법을 배워야만 한다. 반면, 자신을 정말 나쁘다고 느끼게 만드는 역기능적 부모 양식은 제한되고 축소되어야만 한다. 그러므로 역기능적 부모 양식과 취약한 아이 양식은 자주 함께 드러남에도 불구하고 분리해서 다루어진다.

> 역기능적 부모 양식에 있으면 사람들은 스스로에게 과도한 압박을 가하고, 자신의 욕구는 고려하지 않으며, 자신의 감정을 우습게 여기고, 정당하지 않은 이유를 대며 스스로를 깎아 내린다.

역기능적 부모 양식이 가하는 비판이나 요구는 다른 초점을 가질 수 있다. 자신의 역기능적 부모 양식의 모든 면모를 알게 되는 것이 중요하다. 요구, 죄책감 유발, 처벌하는 부모 양식은 각기 구분된다. 물론, 가끔은 과도한 요구와 처벌하는 메시지가 서로 섞이기도 한다. 이런 경우는 어린 시절에 여러 사람들이 자신을 깎아 내렸을 때 자주 발생한다(예: 부모, 선생님, 또래 친구들).

실패의 감정과 연관된 요구하는 부모 양식 요구하는 부모 양식은 자신에게 엄격한 기준을 세우는 것과 관련되어 있다. 학교에서, 대학에서, 직장에서의 성취에 집중한다. 특히 여성은 체중과 체형에 관련한 것을 강하게 요구하는 부모 양식이 작동하고 있는 경우가 흔하다.

죄책감 유발 부모 양식 "죄책감 유발"은 타인에게 죄책감을 느끼게 한다는 것을 뜻한다. 이 양식은 자신이 잘못을 했거나 부모의 기준에 미치지 못하고 있다는 느낌을 받게 한다. 많은 사람들이 가까운 관계에 있어 선을 긋거나 자신의 욕구를 드러내기를 주저하는데, 이것은 그들이 자신의 욕구보다 타인의 욕구가 더 중요하다고 생각하기 때문이다. "다른 사람들을 행복하게 만들어 줘야 한다"거나 "모든 사람들을 만족시키고 돌봐야 한다"는 생각이 중심이 된다. 이 요구를 충족시키지 못할 때 자신은 죄책감을 느끼고 우울해진다. 이것이 우리가 죄책감 유발 처벌하는 부모 양식에 대해 이야기하는 이유다.

처벌하는 부모 양식 처벌하는 부모 양식은 요구와는 관련이 덜 되어 있고 자신을 비하하고 부정하는 내면의 목소리와 관련된다. 처벌하는 부모 양식이 건네는 말은 주로 지나치게 일반적이고 포괄적이다. "너는 언제나 이랬어", "너는 절대로…", "너는 완전히…"에 이어 "멍청하다", "나쁘다", "추하다" 등의 부정적인 평가가 따라온다.

어떤 사람들은 지나치게 "일반화된" 역기능적 부모 양식에 시달린다. 이 양식들은 삶의 거의 모든 상황과 영역에서 나타난다. 다른 사람들에게는 특정 상황들에서만 유발되는데 이런 상황들은 "더 많은 역기능적 부모 양식" 상자에 묘사되어 있다.

세 개의 서로 다른 역기능적 부모 양식은 아래에 더 자세하게 설명해 두었다.

🎁 상자 3.1: 역기능적 부모 양식의 메시지

성취와 성공에 중점을 두는 요구하는 부모 양식:
- "언제나 최고가 되어야 해!"
- "완벽하지 않다면 가치가 없어!"
- "깡마르지 않으면 남자친구가 생기지 않을 거야!"

죄책감 유발 부모 양식:
- "모든 사람을 책임져야 해!"
- "네 욕구를 드러내는 건 이기적이야!"
- "완벽한 엄마가 되어야 해!"
- "다른 사람의 욕구를 네 것보다 중요하게 여기지 않으면 너는 나쁜 사람이야!"

처벌하는 부모 양식:
- "너는 문제도 많고 까다로운 사람이야."
- "다른 사람들이 너를 더 알게 되면, 널 떠나고 말 거야."
- "네가 태어나지 않았더라면 훨씬 나았을 거야."

💟 더 많은 역기능적 부모 양식 사례

1. **지나치게 일반화된 사고로 처벌하는 부모 양식** 아나벨은 의견을 표현할 때마다 음식을 굶기는 방식으로 수녀들로부터 처벌을 받았다. 그리고 가장 사소한 실수에도 고된 일을 하는 벌을 받아야 했다. 신체적 만족(성적인, 껴안는, 따뜻한 물로 오래 목욕하기 등)은 금지되었고 죄악시되었으며 처벌을 받기도 했다.

   현재 아나벨은 자신의 욕구를 진지하게 받아들이고 스스로를 만족시키는 데에 어려움을 느낀다. 음식 외에도 모든 종류의 신체적 쾌락, 즉 목욕을 오래 한다거나 성행위, 마사지, 일광욕 등은 "금지"되어 있다. 아나벨은 자신이 무언가를 잘못했다고 생각할 때마다(거의 언제나 그렇게 생각하고 있기도 하지만) 괴로워지고 벌을 받아야 한다고 생각한다. 아나벨은 이런 경험 때문에 만성적으로 우울하고 불안정하다. 처벌하는 부모 양식을 극복하고, 스스로를 돌보는 법을 배우고, 스스로에게 덜 엄격해지는 법을 배우기 위해서는 장기간에 걸친 심리치료를 필요로 한다.

2. **특정 상황에서 드러나는 죄책감 유발 부모 양식과 요구하는 부모 양식의 혼합**

   레아는 사회 봉사자로, 이런 직업을 가진 사람들은 자기희생적인 경우가 많다. 레아는 대개 자신의 한계를 알고 스스로를 몰아붙이지 않는다. 예외로 어린 남성 내담자를 대할 때면 상황은 달라진다. 큰 책임감을 느끼고 방어적이게 되며 고객들이 스스로 해결해야 할 문제도 도맡아 해결하곤 한다.

   레아는 정신 건강 예방 워크숍을 참석했을 때 이 문제에 대해 생각해보기 시작했다. 시간을 되짚어 자신의 어린 시절을 떠올려 보니, 남동생에게는 장애가 있었고, 어렸을 적부터 동생을 보살폈던 기억이 났다. 그리고 어린 남성 내담자를 보면 남동생에게 느꼈던 것과 아주 비슷한 책임감을 느꼈다.

3.1 요구하는 부모 양식

요구하는 부모 양식은 성취와 성공에 중점을 두고 사람들에게 언제나 최선을 다하도록 요구한다. 모든 것을 완벽하게 잘 하게 될 때까지 쉬지 못한다. 강한 요구하는 부모 양식을 가진 학생들은 단 한 번이라도 최고점을 놓치게 되면 자신은 실패했다고 생각하고, 다른 분야를 알아보기도 한다. 요구하는 부모 양식은 사람을 탈진하게 하는 데 원인이 된다. 휴식을 취하도록 자신을 내버려 두지 않고 꾸준하게 완벽함을 추구하며 이룰 수 없는 목표를 바라보게 하기 때문이다. 이런 종류의 부모 양식을 지닌 사람들은 언제나 성공, 일, 그리고 전문 분야를 첫째로 놓는다. 즐거움, 재미와 쾌락은 뒷전이다.

또 다른 흔한 요구하는 부모 양식은 체중, 체형과 관련해 나타난다. 강한 요구하는 부모 양식을 가진 사람은 운동과 식단을 엄격하게 관리하는 경우가 있다. 디저트 한 개를 먹은 후에는 과도한 운동이 뒤따른다. 이 양식과 관련된 가장 큰 심리적인 문제는 실패했다는 느낌이다.

강한 요구하는 부모 양식을 가진 사람들의 삶에서는 흔히 높은 기준을 갖고 있는 부모나 보호자를 찾아볼 수 있다. 그들은 아동기에 대해 "아버지에게

그림 3.1 요구하는 부모 양식

A학점은 좋은 성적이었고, B학점까지도 괜찮았지만 그 이하는 받아들이지 않으셨다"라고 말하곤 한다. 게다가 칭찬을 받지 못하면 사람들은 만성적인 경쟁 상태에 돌입해 언제나 더 높은 목표를 향해 달리게 된다. 그들은 마침내 부모님이 자신을 받아들이기에 충분한 정도로 뛰어나길 바란다. 아이의 입장에서는 그것이 불가능하다는 걸 깨닫기가 힘들다.

> ### 🎁 사례 예시 "요구하는 부모"
>
> 리사는 32살이며 두 아이의 엄마다. 어린시절과 학창 시절에 리사는 운동을 많이 했고 날씬한 몸매를 유지했다. 아이를 낳은 후에 체중이 좀 증가했다. 운동을 할 시간이 없어서 예전 몸무게로 돌아가지 못하고 있다. 모든 사람들이 리사가 지금도 날씬하고 보기 좋다고 생각하지만, 리사는 자신의 몸매와 체중이 마음에 들지 않는다. 시간이 없고 스트레스를 받아 새로 계획하는 식단과 운동마다 실패한다. 리사는 아침마다 몸무게를 재는데 저녁을 많이 먹은 다음날이면 체중이 조금 증가한 것을 발견한다. 그러면 리사는 화가 나고 짜증이 나고 절박해진다. 다음날 리사는 끼니를 굶고 조깅을 간다.

요구하는 부모 양식을 강하게 가진 대부분의 사람들은 경쟁적인 스포츠에 참가하거나 어린 시절 악기를 수준 높게 다루었다. 우리가 상담에서 요구하는 부모 양식의 기원을 찾아볼 때, 자주 유도, 체조, 트랙 코치나 피아노 선생님들과 만나게 된다. "어떻게 해도 선생님을 만족시킬 수 없었어요. 우리는 할 수 있는 모든 것을 했지만 그래도 언제나 부족했어요." 아이가 어떤 수준에 도달할 때마다 언제나 더 높은 목표가 새로 주어졌고, 반복에 끝이 없었다. 이 역학은 이 분야의 경쟁적인 특성과도 맞물려 돌아간다. 아이들은 갈수록 높아지고 가팔라지는 사다리를 올라야만 한다. 한 대회에서 승리하면 다음은 더 큰 대회에서 승리해야 한다. 이는 더 이상 승리하기가 불가능해질 때까지 반복된다.

지금까지 읽은 것들을 보면, 어린 시절에 요구하는 부모 양식의 원인이 된 사람들은 아마도 아이가 잘 되었으면 하는 마음이 있었음을 알 수 있다. 하지만 보상과 요구 사이의 균형이 맞지 않았다. 부모들은 자주 성취에 대한 칭찬을 통해 애정과 인정을 표현한다. 의도는 좋았음에도 불구하고 이는 아이에게

> 🎁 **사례 예시 "스포츠 분야에서의 요구하는 부모"**
>
> 세바스찬은 청소년기에 수영 대회에 참가했다. 지역에서는 챔피언이었기 때문에 전국 대회에도 나가게 되었다. 혹독한 훈련 강도에도 불구하고 6위나 7위 이상은 할 수 없었다. 세바스찬은 이 때문에 좋은 성적과 노력에도 불구하고 패배자처럼 느끼기 시작했다. 그가 지닌 수영 선수로서의 주된 기억은 성공적인 지역 우승자가 아닌 전국 대회에서 코치가 드러낸 실망감이다. 이제 세바스찬은 대학에 다니는데 지나친 압박감에 시달리고 최고 성적을 거두지 못하면 실패한 것처럼 느낀다. 이 느낌은 세바스찬이 수영 선수였던 시절을 떠올리게 한다.

> 🎁 **상자 3.2: 요구하는 부모 양식인가 또는 건강한 열정인가?**
>
> 우리는 직장, 스포츠, 그리고 외모와 관련해서 성공하기를 기대받는 세상에서 살고 있다. 많은 사람들에게 이는 어려운 목표를 성취하기 위한 "내적 동기"가 되기도 한다. 그러므로 당신은 요구하는 부모 양식과 자신을 앞으로 나아가게 하는 건강한 열정의 차이가 무엇인지 궁금해질 수 있다. 차이는 자신이 그 열정을 어떻게 느끼는지와 연관되어 있고, 열정과 더불어 휴식, 만족스러움, 애정 등을 느낄 수 있는지의 문제와 연결된다. 만일 잠을 잘 자지 못하고, 과거의 일들을 지나치게 곱씹고, 폭식하고, 스트레스와 지나치게 높은 기준으로 인한 탈진을 겪고 있다면 그것은 요구하는 부모 양식일 가능성이 크다. 요구하는 부모 양식은 기분 좋은 활동(춤, 친구 만나기, 영화 보기 등)처럼 휴식을 취하고 삶을 즐기지 못하게 하며, "언제나 일을 해야 하게" 한다. 하지만 만약 기분이 괜찮고 스트레스와 관련된 증상을 겪고 있지 않으며 휴식과 업무의 균형을 잘 맞추고 있다면, 이것은 아마 자신을 성공으로 이끄는 건강한 열정일 것이다.

자신이 무언가를 성취했을 때만 사랑 받는다는 인상을 줄 수 있다. 어떤 아이들은 자신들이 충분한 성취를 이루지 못했을 때 사랑과 애정을 빼앗긴다고 생각할 수도 있는데, 예를 들면 아들이 학교에서 C학점을 받았을 때 엄마가 실망감을 드러내고 아이에게 말을 별로 하지 않는다면 그럴 수 있다. 이는 아이들에게는 굉장히 괴로운 경험이며 영구적인 손상을 입힐 수 있다. 아이는 무슨 짓을 해서라도 낮은 성적을 받지 않으려 할 것이고 무언가를 성취하더라도 뿌듯함을 느끼지 못할 것이다. 실패할 때에만 큰 실망감과 함께 사랑 받지 못한다는 기분을 느낄 뿐이다.

부모, 선생님 또는 다른 중요한 인물이 아이에게 무언가를 성취하기를 요구한 적이 없었을 수도 있다. 하지만 이들이 휴식을 취하지 않고 그 무엇도 즐기지 않는 모습을 보였을 수도 있다. 아이들에게는 좋은 성적을 받는 것이 삶의 전부는 아니라고 안심을 시켰을지라도, 부모나 중요한 인물들이 상반되는 사례가 된다. 심리학자들은 이를 "대리 학습"이라고 한다.

> 🎁 **상자 3.3 요구하는 부모 양식은 어떻게 발달되나**
> - 부모 또는 교사가 성적과 성취를 너무 강조한다.
> - 아이가 무언가에 실패했을 때, 부모가 아이에 대한 사랑을 박탈한다.
> - 아이가 성취를 통해서만 보상을 받는다.
> - 아이가 스포츠, 음악 등 극도로 경쟁적인 환경에서만 적극적이다.

3.1.1 자신의 요구하는 부모 양식 알아차리기

다음 문장들은 자신에게 강한 요구하는 부모 양식이 작동하는지 판단하도록 도울 것이다.

- 나는 내가 모든 일을 마칠 때까지 휴식하거나 즐거운 일을 하지 못하게 한다.
- 나는 계속해서 성취해야 한다는 압박감을 느낀다.
- 나는 절대 실수하지 않으려고 한다. 실수한다면 스스로를 질책한다.
- 일을 하는 방식에는 "옳은" 방식이 있고 "그른" 방식이 있다고 생각한다. 나는 모든 일을 옳은 방식으로 처리하려고 노력한다. 그렇게 하지 못하면 나는 자신을 강하게 비판한다.

작업지 6, "나의 요구하는 부모 양식"은 자신이 가진 요구하는 부모 양식을 알아차리고 익숙해지는 데 도움이 될 것이다. 결과를 "양식 한 눈에 보기"에 추가해도 좋다.

작업지 6: 나의 요구하는 부모 양식

- 내가 지어준 이름(예: '빨리빨리')

- 요구하는 부모 양식이 보내는 메시지

1. 어떻게 요구하는 부모 양식을 알아차릴 수 있을까?

   무엇이 나의 요구하는 부모 양식을 활성화시키는가?

   이 양식에서 나는 어떤 감정을 느끼는가?

   이 양식에서 나는 어떤 생각을 하는가?

   어떤 기억들이 연관되어 있거나 떠오르는가?

   나의 몸은 어떻게 반응하는가?

   이 양식에서 나는 어떻게 행동하는가?

2. 나의 요구하는 부모 양식은 다른 양식에 의해 촉발되는가? 그렇다면 어떤 양식에 의해서?

3. 나의 요구하는 부모 양식의 진정한 욕구는 무엇인가?

4. 이 양식이 내 안전감이나 감정에 어떤 영향을 미치는가?

3.1.2 타인의 요구하는 부모 양식 알아차리기

자신과 교류하는 사람들 중 강한 요구하는 부모 양식을 가진 사람이 있다면 자신은 그들의 완벽주의가 도를 넘었다는 인상을 받을 수 있다. 그들은 지나치게 열심히 일하고 자신이 감당할 책임보다 과도하게 많은 책임을 진다. 자신은 또한 그들의 노력이 과장되었다고 생각할 수도 있다. "왜 저 정도까지 해야 하지? 그럴 필요가 전혀 없는 것 같은데. 다른 사람들의 도움을 받아도 될 것 같아. 모든걸 혼자서 하라는 법은 없잖아" 또는 "계속 저렇게 하다 보면 무너지는 건 시간 문제야. 좀 쉴 필요가 있어"와 같은 생각이 들 수도 있다. 하지만 이 생각을 그들에게 말한다면, 그들은 당신의 관점을 이해하지 못하거나 받아들이지 않을 것이고, 그런다 하더라도 휴식을 취하는 데에 어려움을 느낄 것이다.

자신을 과도하게 채찍질하는 사람을 하나쯤은 알고 있다. 그들이 완전히 지쳐 있을 때라 할지라도 그들은 다른 사람들이 하고 싶어 하지 않는 업무에 다시 자원한다. 왜 그들은 다른 사람들처럼 이런 일들을 마다할 수 없는 것일까? 여기에는 요구하는 부모 양식이 연관되어 있을 가능성이 높다.

그들의 요구하는 부모 양식과 대면할 때 그들이 어떤 답을 내어 놓는지 귀를 기울여 들어보자. 만일 그들이 자신의 충고를 받아들이고 추가 업무를 옆으로 밀어 두기로 한다면, 그들은 요구하는 부모 양식에 주도되는 사람이 아니라 그 일을 미루어야 한다는 생각을 미처 하지 못한 경우일 수도 있다. 그러나 만약 그들이 다른 사람들보다 더 많은 일을 해야만 하는 이유를 늘어놓기 시작한다면, 당신은 요구하는 부모 양식과 마주친 것이다.

3.2 죄책감 유발 부모 양식

이 양식에서 사람들은 사회적인 상황에서 자기 자신에게 엄청나게 높은 기준을 요구한다. 이런 사람들은 타인을 비판할 수 없고 타인의 일들까지 도맡아 대신해야 한다고 생각한다. 그들은 자신이 언제나 친절해야 한다고 생각하고 타인들의 행복에 책임이 있다고 생각한다. 그리고 그렇게 살지 못하면 죄

그림 3.2 죄책감 유발 부모 양식

🎁 **사례 예시 "죄책감 유발 부모 양식"**

바이올렛은 내담자에게 인기가 많은 심리치료자로 공감 능력이 뛰어나고 이해심이 깊다. 바이올렛은 자신만의 방법으로 그들을 지지하고, 힘을 돋구어 주고, 기분을 나아지게 해준다. 하지만 바이올렛은 가끔 직장과 사생활 사이에 선을 긋기가 어렵다. 자신의 일만으로도 벅차지만 모든 일과 사람을 책임지고 돌보려고 하고 그렇게 할 수 없을 때에는 버림받을 것 같거나 죄책감을 느낀다.

바이올렛의 어머니는 우울증을 앓았다. 우울 증상이 심해지면, 어머니는 아이들을 비롯한 모든 것으로부터 등을 돌리고 세상과 멀어지기 마련이었다. 바이올렛은 언제나 어머니를 조금이라도 기쁘게 하려고 무던히 노력했다. 그 때문에 바이올렛은 모든 사람들의 기분을 북돋아주는 데에 책임이 있다고 느끼게 되었다. 모든 사람들을 만족시키고 행복하게 만들지 못하면 바이올렛은 사랑 받지 못한다고 느낄 것이다.

책감을 느낀다. 사회적인 직업, 즉 의사, 심리상담사, 사회 봉사자, 간호사 등의 직업을 가진 사람들은 어느 정도 이런 종류의 부모 양식을 갖고 있는 경우가 흔하다.

부모 역할 수행하기(부모화) 바이올렛의 사례는 죄책감 유발 부모 양식의 기원으로 아주 일반적이다.

죄책감 유발 부모 양식은 정신 질환을 앓는 부모를 둔 사람들에게서 흔히 나타난다. 이는 어린 아이였을 적부터 부모의 기분과 안녕에 책임감을 느껴왔기 때문이다. 다른 가족 구성원들은 질환을 감당하지 못하고 회피하는 것으로 대처했을 수도 있다. 그 책임은 대체로 부모에게 유일하게 신경을 쓰는 자식의 몫으로 고스란히 돌아온다. 이는 심리학자들이 **"부모화"** 라고 부르는 역할의 반전이다. 아이가 지나치게 이른 시기에 특히 사회적이고 정서적인 면에서 어른의 역할을 수행해야 하는 것이다. 아이는 그렇게 자기 부모의 부모가 된다.

부모가 갈라서고, 이들 중 하나가 아이를 "감정 쓰레기통"으로 사용하면서 불행한 결혼 생활에 대한 불만을 쏟아낼 때에도 비슷한 문제가 발생한다. 아이는 나이에 어울리지 않는 조언자이자 중재자의 역할을 떠맡게 된다. 아이가 이 역할을 성공적으로 수행해내지 못하면, 즉 부모를 행복하게 만들거나 둘의 관계를 원만하게 유지시키지 못하면 아이는 죄책감을 느끼고 상황을 해결하기 위해 더 노력하게 된다. 아이는 이 역할이 자신의 한계 밖에 있으며 부적절한 것임을 알아차리지 못한다. 대신 그들은 이 역할을 정상으로 여기고 요구하는 부모 양식을 남은 평생 동안 내재화하게 된다.

대리 학습 다른 사람으로부터 학습하는(모델링 등) 것은 감정적으로 소모적인 부모 양식의 원인이 될 수 있다. 이 양식이 강하게 자리잡은 사람들은 아동기에 신체적으로나 정신적으로 아픈 부모나 형제자매를 위해 다른 가족 구성원들 전부가 자신의 삶과 욕구를 희생하는 모습을 보면서 성장했을 가능성이 크다. 또는 아버지, 할아버지, 할머니 등의 인물로부터 자신들 모두가 행복하고 끔찍하게 사랑 받고 있으며 가족관계에 만족하는 것처럼 연기를 해야 했을 수도 있다. 자신의 진짜 감정이 어떻든 간에 당신은 이런 역할을 수행해야 했다. 이런 경우 가족 구성원들은 모두 자신들이 실제로는 느끼지 않는 감정, 관심, 애정, 즐거움 등을 드러내 보여야만 했다. 생애 후반에 그들은 불만족을 표현할 때마다 죄책감을 느끼게 될 수도 있다.

> **🎁 사례 예시 "감정적으로 요구하는 부모 양식"**
>
> 안나는 간호사다. 인기가 매우 좋고, 언제나 침착하고 기분이 좋다. 하지만 명령조로 얘기하거나 요구하는 것이 많은 환자들이 자신을 얼마나 힘들게 하는지도 알고 있다. 이런 환자들을 다룰 때 안나는 몹시 긴장하고 그들을 만족시키지 못하면 기분이 가라앉는다.
> 이들은 안나의 아버지를 떠올리게 한다. 아버지가 없을 때 안나의 가족은 대체로 화목했다. 하지만 아버지가 일을 마치고 집에 돌아오면, 가족 모두는 아버지가 기분이 나빠져 고압적으로 행동하는 일이 없도록 노력을 해야만 했다. 아무도 안나에게 어떻게 행동해야 한다고 알려준 적은 없지만, 어렸을 적부터 안나는 어머니의 행동을 본보기로 삼아 익혔다.

극단적인 사례에서는 특정 역할을 수행하지 않는 것이 위험하기까지 할 수도 있다. 알코올 중독자 아버지를 둔 딸들은 아버지가 술에 취해 있을 때는 쉽게 화를 내고 예측할 수 없으며 폭력적으로 변할 수 있다는 사실을 깨닫는다.

> **🎁 상자 3.4: 감정적으로 요구하는 또는
> 죄책감 유발 부모 양식이 형성되는 전형적인 자서전적 상황들**
>
> - 부모화: 부모가 감정적으로 불안정했고 아이들은 너무 일찍 다른 이들의 안녕에 책임을 지도록 학습되었다.
> - 대리 학습: 아이가 누군가를 만족시키기 위해 어떤 역할을 해야만 한다는 것을 다른 가족 구성원들로부터 배웠다.
> - 심리적이나 신체적으로 폭력적인 가족 구성원을 안정시키기 위해서 다른 가족들이 그를 만족시켜야만 했다.

어떤 어머니들은 남편의 폭력에 노출되어 있음에도 불구하고 결혼 생활을 지속하면서 남편의 심기를 거스르지 않기 위해 순종적으로 행동한다. 이런 상황에서 성장한 아이들은 추후에 관계 속에서 무언가를 요구하거나 상대방을 비판할 때에는 불안과 위협을 느낄 수 있다. 심지어 걱정해야 하는 이유가 더 이상 없는 경우에도 말이다.

3.2.1. 죄책감 유발 부모 양식 알아차리기

다음 문장들의 도움을 받아 자신이 죄책감 유발 부모 양식을 가졌는지 알아볼 수 있다.

- 나는 모든 사람들의 비위를 맞추기 위해 노력하고 갈등, 논쟁, 거절을 피한다.
- 타인에게 화를 낸다면 나는 나쁜 사람이다.
- 나는 다른 사람들보다 많은 책임을 지도록 스스로를 다그친다.

작업지 7에서 자신의 죄책감 유발 부모 양식과 관련된 질문들을 찾아볼 수 있다. 여기에 기록한 것들을 "양식 한 눈에 보기"에도 옮겨 둘 수 있다. 일상 속에서 충분히 당연한 상황에서도 자신이 욕구를 표현할 수 없을 정도로 압박감을 느끼거나 죄책감을 느낄 때마다 이 양식을 알아차릴 수 있다.

타인의 죄책감 유발 부모 양식과 관련하여서는, 어떤 사람이 모든 사람들을 기쁘게 만들기 위해 저렇게까지 노력할 필요는 없다는 생각이 든다면, 그 사람이 이 양식을 가졌을 가능성이 크다. 자신은 그들이 그들의 욕구를 더 적극적으로 쫓아야 한다고 생각한다. 하지만 당신이 그들에게 그렇게 말한다면, 그들은 받아들이지 않을 것이고, 만일 그러고 싶다 하더라도 당신이 죄책감 유발 부모 양식이 있다고 판단하는 데에는 큰 문제가 없다.

작업지 7: 나의 죄책감 유발 부모 양식

나의 죄책감 유발 부모 양식

내가 지어준 이름(예: '테레사 수녀')

죄책감 유발 부모 양식이 보내는 메시지

1. 어떻게 죄책감 유발 부모 양식을 알아챌 수 있을까?

무엇이 나의 죄책감 유발 부모 양식을 활성화시키는가?

이 양식에서 나는 어떤 감정을 느끼는가?

이 양식에서 나는 어떤 생각을 하는가?

어떤 기억들이 연관되어 있거나 떠오르는가?

나의 몸은 어떻게 반응하는가?

이 양식에서 나는 어떻게 행동하는가?

2. 죄책감 유발 부모 양식이 다른 양식의 영향을 받아 나타났는가? 그렇다면 어떤 양식의 영향을 받았는가?

3. 내 죄책감 유발 부모 양식의 진정한 욕구는 무엇인가?

4. 이 양식이 나의 안전감이나 감정에 어떤 영향을 미치는가?

3.3 처벌하는 부모 양식

처벌하는 부모 양식에서 사람들은 자신을 평가절하하고 부정하고 심지어는 자기혐오에 빠지기도 한다. 아동기에 그들은 감정적, 신체적, 성적인 학대를 당한 경우가 많다. 예를 들어 가슴이 크다는 이유로 반에서 놀림을 당한 여학생의 경우가 그렇다. 이 사람은 이후에도 평생 동안 가슴과 신체에 부끄러움을 느끼게 될 가능성이 크다. 아주 사소한 실수에도 잔인하게 처벌당한 아이를 떠올려 볼 수도 있다. 이런 사람은 이후 조금이라도 실수를 저지르면 벌을 받아 마땅하다고 생각하게 될 것이다.

처벌하는 부모 양식으로 이어질 만한 학대에는 여러 가지가 있다. 어떤 사람들은 여러 종류의 학대를 동시에 경험하기도 한다.

성적 학대 학대 중 가장 잘 알려진 종류다. 어떤 경우에는 아버지나 양아버지가 가해자다. 하지만 다른 사람들도 가해자일 수 있는데, 이웃이나 아이를 지도하는 위치에 있는 사람이나 신부 또는 목사, 스포츠 코치 등이 해당된다.

그림 3.3 처벌하는 부모 양식

성적 학대는 여러 이유에서 처벌하는 부모 양식으로 이어진다. 성적으로 학대 당한 아이들은 자신의 책임이 전혀 없음에도 불구하고 일어난 일을 수치스럽게 생각한다. 또한 가해자들이 아이들에게 그렇게 느끼도록 만든다. 학대를 당한 아이들은 자신이 더 나은 대우를 받을 자격이 없다고 생각하고, 자신이 나쁘기 때문에 그런 학대가 발생한 것이라고 생각한다.

신체적 학대 신체적 학대를 당한 아이들은 구타를 당한 기억이 있거나 다른 방법으로 신체적인 상해를 입은 적이 있다. 어떤 가해자들은 쉽게 화를 내고 굉장히 충동적이기 때문에 폭력을 휘두른다. 다른 가해자들은 아이를 학대할 때 쾌락을 느끼기 때문에 학대를 한다. 이것은 심각한 심리적인 상처를 남기고 처벌하는 부모 양식을 강하게 유발한다. 신체적 학대는 또래 집단에서도 발생할 수 있는데, 이 또한 피해 아동에게 심각한 심리적 상해를 남긴다.

정서적 학대 이는 아이가 부모나 다른 사람들에 의해 심리적인 폭력을 당했음을 뜻한다. 감정적으로 학대하는 부모들은 그들 자신의 문제에 대해 아이들로 하여금 죄책감과 책임감을 느끼게 한다. 아이가 태어나지 않았더라면 자신이 더 행복했을 것이라고 말한다거나, 자살하겠다고 말하고 집을 떠나는 행동이 포함된다. 하지만 이런 예시는 극단적인 것들이며, 강도가 약하거나 덜 분명한 방식으로도 정서적인 학대는 행하여진다.

방치 방치된 아이들은 자신이 따뜻한 보살핌을 받을 자격이 없다고 느끼고, 이런 처벌하는 부모 양식이 강하게 내면화 될 가능성이 크다. 방치에는 아이들의 기본적인 생리적 욕구, 즉 음식, 옷, 온기 등을 충족시키지 못했을 경우가 있다. 정서적 욕구를 충족시키지 못한 경우도 포함되는데, 부모가 아이에게 무감각하거나 아이의 학교나 친구 문제에서 아이를 도와주지 않거나 언제 돌아온다는 말도 없이 아이 곁을 떠나는 행위 등이 있다.

다른 심각한 처벌 어떤 사람은 아동기에 굉장히 심각한 처벌을 경험한다. 벌거벗은 채 집 밖으로 쫓겨난다거나, 어두운 창고에 갇히는 식이다. 이런 경험들은 깊은 상처를 남겨서 전문적인 심리치료를 통해서만 극복될 수 있을 것이다.

🎁 사례 예시 "처벌하는 부모 양식"

1. 줄리아는 28세인데 경계선 성격장애로 심리치료를 받고 있다. 다른 사람들처럼 평범하게 살거나 목표를 정하고 이루기가 버겁다. 작은 문제나 갈등이 발생하면, 줄리아는 자해를 하고 완전히 숨어버린다. 아이였을 때 할아버지에게 몇 년에 걸쳐 심각한 학대를 당했다. 가족들은 무슨 일이 일어나고 있는지 짐작했지만 누구도 조치를 취하지 않았고, 줄리아는 계속해서 조부모의 집으로 보내졌다. 오늘날 줄리아는 자신을 혐오하고, 특히 자신의 신체를 증오한다. 나쁜 대우를 받아 마땅하다고 생각한다. 자신의 욕구를 무시하고 욕구에 대해 말하지 않는다. 자기혐오가 극에 달하면 자해를 하여 스스로를 벌한다.

2. 패트리샤는 자신을 전혀 받아들일 수가 없고, 조금이라도 음식을 먹도록 허락하기가 힘들다. 먹는 행위는 역한 감정을 느끼게 한다. 패트리샤는 가학적인 양어머니를 가진 위탁 가정에서 자랐는데, 양어머니는 언제나 아이들을 향한 긴장을 늦추지 않았고, 패트리샤에게 음식을 훔쳤다는 누명을 씌우곤 했다. 그 벌로 패트리샤는 저녁 식사를 못하고 침실에 갇혀야만 했다. 패트리샤가 정말로 잘못했던 적은 별로 없지만 양어머니는 그것과 상관 없이 가혹한 처벌을 했다.

3. 대니에게는 반사회성 성격장애가 있다. 몇 년 동안이나 대니는 아버지에게 구타를 당했다. 아무 잘못을 하지 않았을 때에도 구타를 당했고 음식과 물도 없이 방에 갇혔다. 아버지는 언제나 대니가 나쁜 사람이며 어디에도 쓸모가 없다고 말했다. 대니는 거리에서 살게 되었고, 범죄와 연루된 비행청소년 집단에 들어갔다. 코카인, 술, 암페타민을 끼고 살았다. "내가 나쁜 사람이라고 말한다면 그렇다고 증명해 보이겠다"고 생각하면서 대니는 자기파괴적으로 마약을 사용했다. 자신이 살 가치가 없다고 생각했기 때문이다.

집단 괴롭힘 학급 또는 또래 집단 내에서의 집단 괴롭힘은 강도 높고 지속적인 학대의 유형이다. 집단 괴롭힘은 몇 년 동안 지속되기도 한다. 학급 내 집단 괴롭힘은 특히 심각한데, 같은 사람들과 졸업할 때까지 함께 지내야 하기 때문이다. 집단 괴롭힘 상황이 발각된다고 해도 가해자들은 오히려 자극을 받아 상황이 피해자에게 더 안 좋은 방향으로 발전할 수 있다. 이런 현상은 강한 절망감과 체념으로 이어질 수도 있다.

처벌하는 부모 양식은 다양한 "메시지"를 가질 수 있다. 이것들은 거의 언제나 사랑 받지 못한다는 내용과 관련되어 있다. 이 메시지들은 스스로를 수치스럽고 역겨운 존재라고 느끼게 할 수도 있는데 아동기에 처벌된 욕구들과 관련된다. 처벌하는 부모 양식을 강하게 가진 사람들은 자신의 욕구와 권리가 중요하다는 사실을 인식하지 못한다.

3.3.1 자신의 처벌하는 부모 양식 발견하기

다음 문장들이 자신이 처벌하는 부모 양식을 가졌는지 알아보는 데 도움이 될 것이다.

- 나는 나쁜 사람이기 때문에 다른 사람들처럼 기분 좋은 것들을 누려서는 안 된다.
- 나는 벌을 받아 마땅하다.
- 나를 벌주고 다치게 하고자 하는 충동이 있다(손목 긋기 등).
- 나는 스스로를 용서할 수 없다.

만일 자신의 욕구를 증오하고, 부끄럽게 여기고, 누구도 자신을 위해 시간을 내어주지 않을 것이라고 생각한다면, 당신은 확실하게 처벌하는 부모 양식 때문에 고통 받고 있는 것이다. 누군가 당신을 좋아한다거나 자신을 중요하게 여긴다는 사실을 받아들일 수가 없다. 작업지 8에는 자신의 처벌하는 부모 양식에 대해 묻는 몇 가지 질문들이 준비되어 있다. 여기에 적은 내용은 "양식 한 눈에 보기"에도 적어둘 수 있다.

📝 작업지 8: 나의 처벌하는 부모 양식

- 내가 지어준 이름(예: '재판관')

- 처벌하는 부모 양식이 보내는 메시지

1. 어떻게 처벌하는 부모 양식을 알아챌 수 있을까?

   무엇이 나의 처벌하는 부모 양식을 활성화시키는가?

   이 양식에서 나는 어떤 감정을 느끼는가?

   이 양식에서 나는 어떤 생각을 하는가?

   어떤 기억들이 연관되어 있거나 떠오르는가?

   나의 몸은 어떻게 반응하는가?

   이 양식에서 나는 어떻게 행동하는가?

2. 처벌하는 부모 양식이 다른 양식(취약한 아이 양식 등)의 영향을 받아 나타났는가? 그렇다면 어떤 양식의 영향을 받았는가?

3. 나의 처벌하는 부모 양식의 진정한 욕구는 무엇인가?

4. 이 양식이 나의 안전감이나 감정에 어떤 영향을 미치는가?

3.3.2 타인의 처벌하는 부모 양식 알아차리기

긍정적인 말들을 진심으로 받아들이지 못하는 사람들은 처벌하는 부모 양식을 가졌을 가능성이 크다. 그들은 당신이 얼마나 애써서 그들에게 작은 실수는 큰 일이 아니라거나, 그들은 소중하고 사랑스런 존재라고 설득하려 해도 자신의 가치를 알지 못한다.

이런 사람들은 계속해서 자신이 곁에 있어도 괜찮은지, 견딜 만한지 물어볼지도 모른다. 또는 자신은 멍청하고 귀찮은 존재라고 계속해서 강조할지도 모른다. 자신은 이들 곁에서 다소 절박해질 수도 있는데, 자신의 견해는 그들의 것과 전혀 다르기 때문이다. 심지어 공감과 관심을 기울이려는 노력이 그들에게 전혀 소용이 없었다는 사실에 화가 날 수도 있다. 처벌하는 부모 양식은 당신과 그 사람 사이를 벽처럼 가로막는다.

> 🎁 **사례 예시 "처벌하는 부모 양식"**
>
> 샬롯에게는 강한 처벌하는 부모 양식이 있다. 아이였을 적에는 신체적인 학대를 당했고 자신이 완전히 무가치하다는 생각에 사로잡히게 되었다. 오늘날 샬롯은 사랑스러운 여자로 자랐고, 믿을 만한 친구들도 있다. 친구 크리스틴에게도 정도는 덜하지만 비슷한 문제가 있다. 크리스틴은 가끔 샬롯의 처벌하는 자기비판에 의문을 표한다. 크리스틴은 샬롯이 얼마나 좋은 사람인지 알아차리게 하기 위해 다양한 관점에서 자신을 바라보라고 조언한다. 그러나 샬롯은 친구의 노력에 거의 반응하지 않는다. 귀를 기울이기는 하지만 "심금을 울리지는" 못한 모양이다. 크리스틴은 그런 반응에 화를 내면서 "계속 그렇게 살던가"라고 말하지만, 친구에게 미안함을 느낀다.

당신은 처벌하는 부모 양식이 취약한 아이 양식과 끔찍한 악순환을 이룰 수 있음을 깨달았을지도 모르겠다. 처벌하는 부모 양식이 강한 사람들은 자신에게는 다른 사람들이 마땅히 누리는 권리가 없다고 생각한다. 가까운 친구들은 이에 대해 완전히 다른 견해를 갖고 있을 가능성이 크다. 이들은 친구가 무엇을 필요로 하고 있는지에 대해 신경을 쓰고 그들이 자신이 누려서 마땅한 것들을 누리는 모습을 보면 뿌듯해질 것이다. 그러나 처벌하는 부모 양식이 강한 사람들은 이런 격려를 "듣지 못한다". 자신의 자기혐오 때문에, 자신의 행복을 바라는 사람들을 멀리 쫓아버릴지도 모른다. 이들은 심지어 단지 자신에게 관심을 갖는다는 이유만으로도 자신을 격려하는 사람들까지 깎아 내릴 수 있다.

3.4 요약

역기능적 부모 양식은 반복적으로 "자신이 나쁘거나 무가치하며, 결코 다른 사람들에게 사랑 받거나 받아들여지지 않을 것"이라고 말하는 부정적인 내면의 목소리다.

"역기능적 부모 양식"이라는 이름은 자신의 부모님이 나쁜 사람이었다거나, 이런 부정적인 메시지들을 심어 넣었다는 의미가 아니다. 때로는 부모의 행동이 상처를 남겼을 수도 있지만, 그들의 모든 행동에 책임이 있는 것은 아니다. 가족 내에서는 부모 외에도 조부모나 형제 자매들이 아이에게 죄책감을 느끼게 하거나 충분히 좋지 않다고 느끼게 만들었을 수도 있다. 아이들은 학교에서 자주 괴롭힘을 당하거나 따돌림을 당하고, 이런 경험은 평생 동안 거부감으로 남겨질 수 있다.

우리는 역기능적 부모 양식을 세 가지로 나눈다. 요구하는 부모 양식은 부모나 교사가 성취와 성공에 중점을 둘 때와 성취에 대한 보상으로만 애정과 인정을 표현할 때 나타나기 때문에 아이는 언제나 더욱 노력하려고 한다. 죄책감 유발 부모 양식은 심리적인 문제가 있는 부모로부터 시작되는 경우가 많은데, 이때 부모들은 자신의 건강이나 재산 문제의 책임을 아이에게 지우려고 한다. 아이는 지나치게 어린 나이에 사회적으로나 감정적으로 어른의 역할을 해야만 한다. 처벌하는 부모 양식은 부모나 다른 보호자의 정서적, 신체적, 또는 성적 학대에서 유래한다.

역기능적 부모 양식에 대한 정보는 당신의 "양식 한 눈에 보기"에 적어 두어도 좋다.

부모 양식을 알아차리기는 언제나 간단하지는 않을 것이다. 만일 자신에게 버릇없는 또는 훈육안된 아이 양식이 있다면, 특히 자신이 역기능적 부모 양식을 갖고 있다는 사실을 발견하기 힘들 수 있다. 어쩌면 자신은 부모가 무언가에 대한 압박을 준 적이 없거나, 어떤 일에도 적절한 제한을 둔 적이 없기 때문에 내면의 비판적인 목소리를 전혀 갖고 있지 않을 수도 있다. 만일 자신의 부모가 아프거나 문제가 많았다면, 그들을 불쌍하게 여기고 아무런 잘못도 하지 않았다고 생각할 수도 있다.

다음 장에서 자신이 어떻게 부모의 부정적인 메시지로부터 "생존"하여 왔는지, 그리고 어려운 감정적인 경험들에 대처하기 위해 어떤 다양한 대책을 발달시켜 왔는지를 알아볼 수 있다. 위협적이거나 어려운 상황을 다루는 방식들을 "대처 방식"이라고 부른다.

4

대처 양식

역기능적 아이와 역기능적 부모 양식에 대해 다루었던 지난 장에서 우리는 사람들이 아동기와 청소년기에 학대 또는 거절을 경험하면서 어떻게 내면에 고통스러운 요소들을 키워내는지에 대해 다루었다. 모든 사람들에게는 작건 크건 그러한 아이와 부모 양식에 관한 경험이 있다.

어떤 사람들은 힘든 경험들에도 불구하고 괜찮은 상태로 지낼 수 있는데, 이

그림 4.1 굴복

러한 역기능적 요소들이 강하지 않거나 드물게 촉발되기 때문이다. 하지만 강한 양식들을 가진 사람들은 계속해서 감정적인 문제들과 맞닥뜨리기가 쉽다.

이 양식들을 자주 경험하든 또는 가끔 경험하든 간에 자신의 어려운 감정적 경험에 대처하는 역량이 사람마다 다르다는 점은 알고 있을 것이다. 많은 심리학자들은 사람들이 이러한 어려움을 다루는 방법들을 "대처 방식"이라고 부른다. 대처 방식은 위협적인 감정과 경험에 대응하는 심리적인 생존 전략이다. 대처 방식은 사람마다 다르다. 감정들이 그렇듯이 대처 방식도 아동기 경험의 영향을 받는다. 대처 양식의 강도는 대부분 연관된 역기능적 아이와 부모 양식의 강도에 따라 달라진다.

세 가지 대처 양식. 일반적으로, 대처 양식은 서로 겹쳐질 수는 있지만 세 가지로 구분한다.

- **굴복** 이 대처 방식에서 당신은 처벌하는, 비판하는 또는 죄책감 유발 부모 양식에 굴복하여 자신을 비판하며 기분이 나빠지기 시작한다.

- **회피** 이 대처 방식에서 당신은 감정과 문제들을 회피하기 때문에 직면할 필요가 없어진다.

- **과잉보상** 이 대처 방식에서 당신은 역기능적 부모 양식의 요구와 감정과는 정반대로 행동한다. 자신의 불안정함과 무력함을 숨기기 위해 과도한 자신감을 표현하거나 다른 사람들을 통제하려 할 수 있다.

이 장에서 당신은 이 세 가지 대처 방식에 대해 더 자세히 알아보게 될 것이다. 첫 번째 단계로 우리는 그 세 가지를 구분하는 대략적인 방법을 소개할 것이다.

굴복 어떤 사람이 역기능적 부모와 아이 양식의 메시지를 전적으로 받아들이고 행동할 때 우리는 그 사람이 굴복했다고 말한다. 그들은 어려운 상황들로부터 건강한 방식으로 "빠져나가는" 방법을 모른다. 그래서 그들은 죄책감을 느끼고, 슬퍼하고, 실의에 빠지며, 자신에게 화가 나기 시작한다. 자신의 욕구를 표현하라고 했을 때에도 무력감을 느끼고 그런 행동을 회피할 수도 있다.

🎁 사례 예시 "굴복"

1. 어렸을 적, 홀리는 할아버지로부터 성적인 학대를 당했다. 할머니는 이 사실을 알고 있었지만 남편에게 감히 맞설 수가 없었다. 이후 홀리는 자신을 원하는 모든 남성에게 스스로를 내어주고 만다. 상대방이 홀리에게 무엇을 원하느냐 물으면, 홀리는 아무 말도 할 수가 없고 끔찍하게 불안정해진다.
2. 조슈아에게는 강한 죄책감 유발 부모 양식이 있다. 이는 자신이 어렸을 적에 우울증을 앓았던 어머니의 영향을 받은 것이다. 오늘날 조슈아는 사회봉사자로 자신의 고객들을 위해 희생하고 스스로에게 과도한 책임을 지운다. 직장 상사가 조슈아에게 고객들과 더 엄격한 선을 그어야 한다고 말했음에도 불구하고, 조슈아는 업무 시간이 끝난 후에도 고객들의 문제에 대해 신경을 쓴다. 사생활에서 조슈아는 자신에 대해서는 완전히 잊고, 여자친구를 기쁘게 하는 데에만 몰두한다. 여자친구가 조슈아에게 무언가를 해주고 싶어할 때에는 자신의 내적 욕구를 떠올리기가 힘들다.
3. 노라는 모든 일을 완벽하게 수행해내야 한다고 말하는 요구하는 부모 양식이 강한 성향을 갖고 있다. 노라는 밤낮으로 일한다. 잠깐이라도 쉬게 되면 무언가 생산적인 일을 해야 한다는 압박감을 느낀다. 실패작이 되는 것이 두렵고, 성취 중심적인 요구하는 부모 양식에 굴복한다.

그림 4.2 회피

회피 사람들은 자주 특정 상황을 회피하거나 술이나 안정제를 사용하면서 역기능적 아이 또는 부모 양식과 관련된 힘든 감정을 회피한다. 우리는 어떤 사람이 자신과 힘든 감정적 경험 사이에 거리를 두려고 할 때, 그 사람이 회피 방식을 가졌다고 말한다. 우리는 예를 들어 이런 반응이 본인의 욕구를 충족

> 🎁 **사례 예시 "회피"**
>
> 1. 이사벨라는 자신이 못생겼고 그 누구도 자신을 좋아하지 않는다고 말하는 강한 처벌적인 부모 양식을 가지고 있다. 어린 시절부터 그녀의 굽은 다리와 여드름으로 놀림을 받아왔고, 가족들은 자신의 예쁜 언니와 그녀를 항상 비교하였다. 그 결과 이사벨라는 사람들과 있을 때 수치심을 느끼고, 이를 사회적으로 철수하는 행동으로 회피해왔다. 만약 사람들을 만나더라도 불안과 수치심을 덜 느끼기 위해서 평소보다 술을 더 많이 마신다.
> 2. 제이크는 고등학생으로 그의 가족은 성취를 매우 중요하게 생각하기에 제이크에게는 강한 요구하는 부모 양식이 발달되었다. 대학생이 되어 자신도 그저 수많은 재능있는 학생들 중 같은 어려움을 겪고 한 사람일 뿐이라는 것을 알게 되었다. 이제 더 이상 제이크는 최고가 되어 자신의 요구하는 부모 양식을 만족시킬 수 없었다. 시간이 지날수록 점차 학업에서는 멀어지게 되고 게임, 인터넷 그리고 TV를 보는 것에 시간을 보냈다. 이런 행동들이 실패의 느낌에서 벗어나기 위해 하는 회피 행동들이라고 볼 수 있다.
> 3. 캐서린은 다른 사람들을 항상 도와야 하고, 자신이 모든 책임을 져야한다고 말하는 강한 죄책감을 유발하는 부모 양식이 자리잡고 있다. 그녀는 종종 이웃들의 다양한 문제들을 도와 해결해주었다. 그리고 이웃들 중 매우 외로움을 느끼는 한 여성이 있다. 캐서린은 하루에 그녀와 몇 시간씩을 과도하게 대화를 하고, 그녀의 요구에 대한 한계를 설정하지 못하고 있다. 대신 캐서린은 외출을 하기 전 항상 문 밖을 살피며 그녀가 주변에 있는지 살핀다. 캐서린도 자신이 이웃의 과도한 요구에 대한 적절한 한계를 설정해야 된다는 것을 알고는 있지만, 그녀의 죄책감을 유발하는 부모 양식이 너무 강하게 작동하여 그저 이웃과의 만남을 회피하고만 있다.

시키지 못하거나, 평소 목표를 이루지 못하게 하는 등과 같이 역기능적일 때만 대처 양식이라고 부른다는 점을 기억해 두자.

회피 방식은 다양한 행동들과 연결되어 있을 수 있다. 이에는 좁은 의미에서의 회피(사회 생활에 참여하지 않음, 일을 하지 않음 등)와 감정을 둔화시키는 약품 사용하기(술, 대마, 안정제 등), 주의를 돌리는 다른 행동들(감정을 다루기 위해 먹기, TV 과다 시청, 과도한 비디오 게임 등)이 포함된다. 심한 정신 질환을 가진 사람들은 다양한 증상들이 회피 대처 양식과 연관된다. 정서적 강도를 낮추려고 굶거나(거식증), 경계선 성격장애를 가진 사람들은 강렬한 부정적인 감정으로부터 벗어나려고 자해를 하는 것 등이 예가 될 수 있다.

과잉보상 과잉보상이란 자신의 결함을 과도하게 덮으려고 하는 것이다. 우리는 어떤 사람이 그 사람이 지닌 역기능적 부모나 취약한 아이 양식의 메시지와 정반대로 행동할 때, 과잉보상 대처 방식을 가졌다고 말한다. 예를 들면, 열등감을 가진 사람이 다른 사람들 앞에서 지나친 자신감을 표현하거나 오만하게 행동함으로써 과잉보상적으로 행동하는 것이다. 또는 여성 앞에서 불안을 느끼는 남성은 더욱 용감한 남성처럼 행동하고, 무력감을 느끼는 사람은 다른 사람들을 과도하게 통제하려 들 수 있다.

회피처럼, 과잉보상 또한 여러 형태를 취한다. 그런 형태의 공통점은 과잉보상하는 사람은 상황을 통제하고 지배하려고 한다는 것이다. 다른 사람들은 이 사람의 의견이나 소망에 이견을 낼 수 없다는 인상을 받게 된다.

우리를 압도하는 부정적인 감정을 대처할 수 있는 방법을 갖는다는 사실은 누구에게나 중요하다는 점을 짚고 넘어가자. 대처 전략은 우리가 어려운 상황과 감정들을 헤쳐나갈 수 있도록 도와준다. 정신분석가들은 대처 전략들을 "방어 기제"라고 표현하고, 모든 건강한 사람들이 방어 기제를 갖추고 있어야 한다고 가정한다. 그러므로 감정적 회피는 때로는 유용할 수도 있다. 예를 들어, 언제나 당신 마당의 잔디를 망치고 가는 고양이를 기르는 이웃과의 문제와 같이 좋은 해결책이 나올 수 없는 갈등 상황을 생각해보라. 당신이 어디에 살든, 당신의 이웃 중 누군가는 신경이 쓰이게 되어 있으므로, 그저 이사를 하는 것은 해결책이 아니다. 대신 자신이 취할 만한 방법은 분노의 감정을 회피

그림 4.3 과잉보상

하는 것이다. 마땅한 해결책이 없고, 실제로는 그렇게 중요한 문제도 아닐 수 있기 때문이다. 아마도 고양이를 내쫓을 만한 장비를 몇 개 구매하거나 원예 도구를 더 구입하고, 이웃을 무시하는 것이 최선일 것이다.

대처 방식이 역기능적 대처 양식이 될 때는, 그것이 자신의 욕구를 충족시키지 못하도록 방해할 때다. 예를 들어, 만일 자신이 모든 종류의 갈등을(예를 들어, 성가신 이웃이 아니라 친구 또는 배우자처럼 자신에게 정말 중요한 사람들과의 갈등도) 회피하려 한다면, 당신은 자신의 중요한 사람들과 소통할 때, 자신이 진정 무엇을 필요로 하고 있는지 표현하지 못할 수도 있고, 궁극적으로

🎁 사례 예시 "과잉보상"

1. 루비는 어렸을 적에 신체적, 성적 폭력을 겪었다. 오늘날 누군가가 루비와는 다른 의견을 제시하면, 루비는 위협을 당하고 무력해진 것 같은 느낌에 사로잡힌다. 루비는 이런 감정들에 대해 굉장히 공격적인 행동을 드러내는 것으로 과잉보상한다. 목소리는 커지고 고함을 지르기도 하며, 사람들을 위협하려고 한다. 이런 행동이 완전히 부적절하다는 사실을 알 때에도 이렇게 행동한다. 폭력적으로 행동해야만 자신의 의견이 받아들여질 것 같기 때문이다.

2. 카를은 작고 펑퍼짐하고 다소 매력 없는 남자로, 부유한 기업가 집안에서 자랐다. 그러나 몇 년 전 집안이 파산하면서 자산 모두를 잃었다. 카를은 자신의 외모 때문에 언제나 열등감을 느껴왔다. 이 감정은 돈을 잃으면서 더욱 강화되었다. 그는 아주 자신감 있고 남성적으로 행동하는 것으로 이를 과잉보상한다. 대다수의 사람들은 그가 열등감을 가지고 있고, 그것을 자기 자랑으로 감추려 한다는 사실도 알 수 있다.

3. 벤자민의 아버지는 벤자민이 숙제를 하도록 몇 시간이고 방에 가두었다. 벤자민은 반항하기 시작했고 아버지와 자주 다투었다. 숙제를 더 이상 하지 않았고, 수업에 들어가지 않았으며, 대마와 코카인을 하기 시작했다. 이후 헤로인에까지 손을 댄 후에는 퇴학을 당했다. 아버지는 굉장히 화가 나고 실망을 했으며, 벤자민은 학교를 다 마치지 못하고 마약 중독자가 되었다. 벤자민은 기분을 낮게 하기 위해서뿐만 아니라 아버지의 명령을 거스르기 위해서도 마약을 했다. 마약을 하는 것이 그가 아버지가 원하는 것과는 정반대로 행동하면서, 아버지를 통제한다는 느낌도 주었다. 벤자민은 사기애성 성격장애를 갖고 있다.

이런 관계는 자신에게 필요한 모습으로 발전하지도 않을 것이다.

어쩌면 당신은 설명된 예시를 읽으면서 자신이 가장 대표적으로 사용하는 대처 방식을 이미 짐작했을 수도 있다. 한 사람이 다양한 상황 속에서 서로 다른 대처 방식을 사용하는 건 흔한 일이다. 예를 들어, 강한 죄책감 유발 부모 양식을 가진 사람은 그에 굴복하여 긴 시간 다른 사람들의 욕구를 모두 충족시켜 주려 애쓸 수도 있다. 그러나 이런 전략이 견딜 수 없이 버거워지기 시작하면, 그들은 회피로 전략을 바꾸고 사회적인 상황으로부터 철회할 수도 있다. 또는 과잉보상 대처 방식이 활성화되어 조금이라도 무언가를 부탁하는 사람들을 매몰차게 밀어낼 수도 있다.

대처 방식은 아동기와 청소년기에 다르게 발달된다. 대체로 대처 양식은 어려운 상황에서 "살아남기" 위해 무의식적으로 학습된다. 특정 대처 방식이 아동기와 청소년기에 있어 당신만의 어려움, 거절 또는 위협으로부터 자신을 보호하기에 가장 적절했을 것이다. 그리고 나중이 되어서야 그 대처 방식은 역기능적 대처 양식으로 자리잡게 되었을 것이다. 우리는 자주 대처 양식들을 역할 모델들로부터 학습한다. 우리는 다른 사람들이 문제 상황과 감정들에 어떻게 대처하는지 관찰한다. 언어 폭력을 행사하는 아버지와 아이들을 보호하는 대신에 아버지에게 굴복한 어머니가 있는 가정을 상상해보자. 이 아이들은 성장하여 공격적인 상대에게 굴복하는 대처 방식으로 대응할 가능성이 높다.

언제나 그렇듯이, 다양한 상황들이 합쳐져 대처 양식의 발달에 관여한다. 아이가 아버지로부터 위협을 느끼고 어머니가 굴복하는 모습을 보면, 아이는 굴복하는 역할 모델을 본다. 어머니가 아이를 보호하지 않기 때문에 아이는 더욱 위협을 느끼게 된다. 이때 아이는 위험에 노출되어 있다고 생각하기 때문에 어머니와는 다른 대처 양식을 발달시킬 가능성이 커진다.

4.1 순종하는 굴복자 양식

어떤 사람이 굴복하는 대처 양식을 사용할 때, 그들은 다른 사람들의 욕구만 생각하고 자신의 욕구는 전혀 고려하지 않는다. 그들은 다른 사람들이 자신을 형편없이 대우하도록 허용한다. 그들은 자신이 하기 싫어하는 일이라도, 그리고 해야 할 책임이 없는 일이라도 오로지 다른 사람들이 원하거나 시키기 때문에 하게 된다. 그들은 사적인, 성적인, 또는 다른 관계들 속에서 자신의 소망과 다르더라도 타인의 요구만을 충족시킨다.

흔히 이런 사람들은 자신이 행동하는 방식이 실제로 행복하거나 만족스럽지는 않다고 생각한다. 하지만 그들은 굴복 양식을 지속하기 위해 회피 대처 양식을 추가적으로 활용하기도 한다. 예를 들면, 성적인 관계에서 굴복 양식을 사용하는 여성은 술을 마실 수 있는데, 술에 취하는 것이 적절한 선을 긋거나 "싫다"라고 말하는 것보다 쉽게 느껴지기 때문이다.

그럼 이제 자신의 감정이나 욕구와 관계 없이 다른 사람들의 요구에 부응한 기억을 떠올려보자. 할 필요가 없거나 하고 싶지 않았던 일까지 도맡아 하는 상황에 처해본 적이 있는가? 이런 상황에서 자신은 어떤 기분을 느끼는가? 무엇이 두려워서 선을 긋지 못하고 있는가? 왜 이렇게 행동하게 되었는지 짚어낼 수 있겠는가? 언제, 그리고 왜 이런 양식을 발달시켰는가?

자신만의 사례를 작업지 9, "나의 굴복하는 대처 양식"에 적어보자. 이는 자신의 굴복이 가져다 주는 장점과 단점을 두루 살피고, 대안적 행동들에 대해 새롭게 생각하게 할 것이다.

어떨 때에는, 의존적 관계라고 불리는 사고 방식이 순종하는 굴복자 양식과 관련된다. 대인관계에서 의존성이 강한 사람들은 스스로의 삶에 책임을 지지 않으려 한다. 대신에 그들은 다른 사람들이 자신을 돌보게 하고 자신에 대한 판단을 내리게 한다. 그래야만 그들은 안전하다고 느낀다. 대인관계의 의존성은 다른 사람이 자신을 책임지게 만들기 위해 자신의 많은 것을 포기하기 때문에 굴복하는 대처와 연관되어 있다.

4.1.1 나의 순종하는 굴복자 양식 알아차리기

다음 문장들이 자신이 얼마나 굴복하는 방식이 강한지 알게 해줄 것이다.

- 문제가 일어나거나 어려움을 겪게 되면, "이것 봐, 역시 이건 내게 또다시 일어나야 할 일이야"라고 생각한다.
- 어려운 상황에서 나는 종종 포기한다.
- 타인이 나를 부당하게 대우하도록 내버려둔다.

- 타인이 나의 삶을 결정하도록 허락한다.
- 나는 자신의 이득을 취하는 것보다는 타인이 이득을 취하게 한다.

굴복 행동을 알아차리는 쉬운 방법은 자신이 하고 싶지 않거나 하지 않아도 되는 일을 실제로는 하고 있지는 않은지 돌아보는 것이다. 누구도 세금을 내고 싶어하지는 않지만, 세금을 처리하는 것은 굴복 행동이 아닌데, 그건 하고 싶지 않은 일이어도 해야만 하는 일이기 때문이다. 하지만 만약 유치원에서 굳이 당신이 하지 않아도 되는 귀찮은 일에 발벗고 나선다면, 당신의 굴복 양식을 자세히 살펴볼 필요가 있을 것이다.

작업지 9: 나의 굴복하는 대처 양식

나의 순종하는 굴복자 양식

나의 대처 방식의 기원	나의 대처 행동의 긍정적/부정적 결과	다른 사람들은 비슷한 상황에서 어떻게 반응할까?
1. 개인적인 사례		
2. 개인적인 사례		

나의 순종하는 굴복자 양식

나의 대처 방식의 기원	나의 대처 방식	나의 대처 행동의 긍정적/부정적 결과	다른 사람들은 비슷한 상황에서 어떻게 반응할까?
엄마가 심하게 내게 화를 내며 고래고래 소리를 지르셨다. 나는 울기 시작했다. 나는 아빠에게 가서 도움을 구했다. 대처 방법: 울면서 다른 사람에게 도움을 구하였다.	아버지와 어머니께서 싸우실 때마다 나는 누워서 자는 척을 하거나 밖으로 나가서 놀았다. 내가 할 수 있는 일은 도망가는 것뿐이었다. 어떻게 하는 걸 몰랐었다. 어쩌면 나에게 더 나은 능력이 있었더라면 부모님 싸움을 말리던지 나를 지키던지 할 수 있었다.	부모님: 싸우는 데에 더 2차로 격렬. 주변인: 잘 모르겠다 나를 마음에 들어 한다. 본인: 도망가고 싶고 다음도 자주 다툰다. 후에: 싸움이 생기면 더 악화될 일들 뿐.	다른 사람들은 싸움을 보며 아버님들을 뜯어 말리려고 했겠지만 나는 그런 용기도 가기에도 많이 부족했던 것이다. 나는 엄마아빠가 싸우면 무섭게만 생각하고 움츠러드는 것이 전부였던 것이다.
한 고등학교 후배가 자꾸 나한테 들러붙어서 이야기를 늘어놓았다. 나는 대답도 안 하고 계속 밀어냈다. 대처 방법: 그리고는 건성으로 대답하며 빨리 그 자리를 피하거나 묻는 말에 건성으로 하였고 안 듣는 척을 하였다.	어머니는 많은 사람들 특히 남자와 대화하는 것을 싫어하셨다. 아버지는 그런 사람들을 가까이 하면 안 된다고 말씀하셨다.	본인: 빨리 가라든지 가까이 하기 싫다는 마음만 가지고 듣는 척을 한다. 상대방: 서운해 하거나 가까이 가는 것을 꺼린다. 주변인: 동정심의 시선이 느껴진다. 후에: 자꾸만 끌어들이며 가까이 하려 한다.	다른 사람들은 성심껏 대답하며 반응해준다. 진지한 이야기는 들어주고 그런 이야기가 나를 귀찮게 하더라도 대화를 잘 이끌어내고 상대를 가깝게 만들었을 것이다.

81

🎁 상자 4.1: 대인관계의 의존성

대인관계의 의존성은 당신이 심리적으로 다른 사람들에게 지나치게 의존하고 있다는 뜻이다. 당신은 다른 사람들에게 매달리고, 객관적인 사실이 아니더라도, 그들 없이는 살아남을 수 없다고 생각한다. 의존적인 관계에 있는 사람들은 대개 수동적으로 행동한다. 극단적인 경우에는 전혀 판단을 내리지 않고, 상대에게 모든 것을 일임한다. 이들은 대개 자신이 혼자서는 살 수 없다고 생각한다. 그러므로 그들은 거의 모든 것을 받아들이기 마련인데, 관계가 위험해지길 원치 않기 때문이다.

의존성은 자주 친밀한 관계의 부산물이다. 의존 방식을 가진 어떤 사람들은 지속적으로 자신을 지도하고 지지할 "조력자"들(의사, 심리상담사, 자신을 돌봐 줄 만한 다른 사람들 등)을 찾을지 모른다. 의존은 친구나 친인척과의 사적인 생활에서도 문제가 될 수 있다. 다음은 의존의 흔한 특징들이다(미국 정신의학회, 2000).

- 의존적인 사람들은 모든 결정을 내리기 전에 많은 확신과 조언을 필요로 한다.
- 그들은 자신의 삶에 관한 중요한 문제들, 즉 금전적 문제나 아이들의 교육, 일상적인 일정을 결정함에 있어 타인들에게 의존한다.
- 다른 사람의 의견이 틀렸더라도 반박하기 어려워한다.
- 도와줄 사람이 없으면 새로운 일을 시작하기 힘들다.
- 다른 사람의 지지와 애정을 받기 위해 귀찮은 책임을 떠맡는다.
- 혼자 있으면 불편하다.
- 중요한 인간관계가 끝나면 다른 사람이 빨리 필요해진다.
- 버림받거나 홀로 있기를 두려워한다.

이런 방식들은 장기적으로 불이익이 크고 "대가"가 클 수 있다. 하지만 의존적 사고 방식에는 몇 가지 단기적인 이점이 있을 수 있는데, 스스로 판단을 내리지 않으면 많은 책임을 쉽게 회피할 수 있게 되기 때문이다. 그러나 결정의 부정적인 결과는 "당신의 탓이 아니다." 언제나 책임을 회피한다면, 비난도 그만큼 쉽게 회피할 수 있다.

나아가, 의존 방식이 있는 사람들은 다른 사람들에게 친밀한 관계를 강요할

> 수도 있다. 만약 당신이 헌신적이고 순종적으로 행동한다면, 다른 사람들은 절대 당신을 떠날 수 없다고 생각할지도 모른다. 그러므로 의존적인 사람에게 가장 중요한 욕구인 애착과 유대가 충족된다. 그 대가로 많은 다른 중요한 욕구들이 충족되지 않는다고 해도 말이다.
> 그러나 장기적인 관점에서 보았을 때, 의존적인 사고 방식으로 타인과 교류하는 것은 득보다 실이 많다. 관계에서의 문제는 얼마간 의존적인 행동으로 해결되는 것처럼 보이지만, 한 사람이 관계에서 모든 책임을 지고 넘지 말아야 할 선이나 욕구에 대한 대화를 하지 않는다면, 언젠가는 문제가 드러날 수밖에 없다.
> 만일 당신이 의존적인 사고 방식을 갖고 있다면, 당신의 행동들을 객관적으로 바라보기가 거북할지도 모른다. 그러나 당신이 자신의 의존적인 사고 방식을 바꾸고 싶다면, 정확하고 현실적인 관점이 필수적이다. 사고 방식을 바꾸는 것은 장기적으로 당신에게 더 나을 것이라는 점을 잊지 말라. 다름 아닌 당신의 삶을 살고 싶다면 이는 필수적이다. 하지만 강한 단기적인 효과를 보는 사고 방식들을 바꾸는 법은 언제나 어렵다. 그러므로 당신이 무얼 정말로 원하거나 원치 않는지 확실히 마음먹어야 할 것이다.

당신은 자신을 객관적으로 보려고 노력해야 한다. 대다수의 사람들은 사회적 관계에 있어 자신의 기여를 과대평가한다. 하지만 만약 자신이 별로 하고 싶지 않은 성적 행위를 받아들이거나 운동을 하고 싶을 때에도 파트너와 영화를 보러 간다면, 자신은 굴복하는 양식을 가지고 있을지도 모른다. 반대로 자신이 심부름을 거절하거나 파트너의 요청을 거절하고, 대신 자신이 하고 싶은 것을 밀어붙였다고 상상해보자. 덜 협조적으로 행동한다는 생각이 강한 불안을 일으키거나(취약한 아이 양식), 죄책감을 느끼게 한다면(역기능적 부모 양식) 이 또한 자신에게는 굴복 양식이 작동할 가능성이 크다.

이 문제는 아주 좋은 친구 하나를 상상해보는 것으로 해결할 수 있다. 만일 당신의 좋은 친구가 굴복하는 모습을 보인다면, 당신의 기분이 어떨까? 역기능적 양식은 자신보다 타인이 가지고 있을 때 더 확실하게 보이곤 한다.

누군가 자신의 고분고분한 행동을 감소시키고자 한다면, 상대는 까칠하게 반응할지도 모른다. 처음에는 다른 말로 하자면, 비판이나 거절을 경험하리라는 두려움이 정당화될지도 모른다는 것이다. 만일 당신이 굴복하는 유형이라면, 당신은 끔찍한 악순환에 처해 있다는 사실을 깨달아야 한다(굴복은 결국 상대로부터 더 많은 요구를 불러오고, 그렇게 되면 더 큰 굴복이 따르게 된다). 순종하는 굴복자 양식을 줄이기 위해서는 이 악순환을 끊어내야 한다.

> 🎁 **사례 예시: 순종하는 굴복자인가 아닌가?**
>
> 1. 안나는 세 아이의 어머니로 아르바이트를 하고 있다. 남편은 야간과 주말에도 일하는 정규직 직원이다. 안나는 자신이 모든 것을 책임져야 한다고 생각한다. 아이들은 언제나 아플 수 있고 추가적인 일들(숙제, 운동, 피아노 레슨 등)에서 도움을 받고 싶어하고, 집안일은 가사 도우미를 고용했음에도 불구하고 끝날 줄을 모른다.
>   안나는 순종하는 굴복자 양식을 겪고 있는 것일까? 아마 아닐 것이다! 안나는 적극적으로 자신을 도울 사람을 고용했으므로 타인에게 도움을 구하는 법을 안다. 모든 것이 자신의 책임이어야 한다고 생각하지도 않는다. 나아가 아이가 있으면서 일을 하는 것은 누구에게나 버거운 일이다. 불행하게도, 일이란 해도 해도 끝이 나지 않는 게 자연스러운 것이다. 다른 워킹맘들의 삶을 보면 쉽게 알 수 있다.
> 2. 엘시는 열한 살 아이를 키우고 있고, 아르바이트를 한다. 다른 워킹맘들처럼 엘시도 할 일이 아주 많다. 최근 들어 엘시는 스스로가 다른 사람들이 하고 싶지 않은 일들을 끌어 모으는 자석 같다는 생각이 든다. 아들의 유치원과 초등학교에서는 학부모회에서 일을 했다. 아들이 고등학교에 들어갔을 때는 그 일을 절대 하지 않으리라 다짐했는데, 다짐만 했을 뿐 같은 일을 또 맡고 말았다! 아무도 그 일을 하려 하지 않을 때 느껴지는 압박감과 죄책감, 책임감을 견딜 수 없었기 때문이다. 그 외에 엘시는 어머니의 집안일을 돕고 장을 봐 온다. 아이가 없는 언니가 어머니와 훨씬 가깝게 살고 있음에도 말이다. 엘시는 자주 언니에게 화가 나지만, 어머니에게 이런 이야기를 털어놓지는 않는다.
>   엘시에게는 순종하는 굴복자 양식이 있는가? 거의 확실하다. 엘시는 원

하지 않음에도 남들보다 더 많은 책임을 진다. 그 일들을 자신이 도맡아 하지 않으면 죄책감과 책임감을 느끼기 때문이다. 다른 사람들은 같은 상황에서 같은 기분을 느끼지 않는다.
3. 써머는 자신을 끔찍하게 구타하던 폭력적인 알코올 중독 아버지 밑에서 자랐다. 써머의 현재 남편도 알코올 중독에 굉장히 폭력적이며, 폭행으로 옥살이를 했던 적도 있다. 남편이 무언가를 요구하면 써머는 그 즉시 응답한다. 남편의 성적인 접촉은 역겹지만 폭력을 당하고 싶지 않기 때문에 굴복한다.

써머는 순종하는 굴복자 양식을 갖고 있는 것일까? 명백하게 그러하다! 나아가 써머는 아주 위험한 상황에 처해 있기도 하다. 이 상황을 바꾸기 위해 써머가 자신의 욕구를 남편에게 표현하는 것은 권장되지 않고, 지나치게 위험하다. 남편은 더욱 폭력적으로 행동하게 될 것이다. 대신 써머는 폭행 피해자 여성 쉼터 등으로 도망쳐 자신을 보호해야 한다.

4.1.2 타인의 순종하는 굴복자 양식 알아차리기

만일 어떤 사람이 다른 가까운 사람의 요구를 모조리 들어주고 있다면 그것은 확실한 굴복의 신호이다. 단기적으로 이것은 수혜를 받는 당신의 입장에서는 아주 달콤할지 모르지만, 장기적으로 계속해서 상대가 당신에게 순종적으로만 행동한다면 결국에는 짜증이 날 것이다. 당신은 파트너가 정말로 무얼 좋아하는지 알고 싶어질지도 모르고, 파트너가 당신에게 모든 것을 맞춰주는 상황을 원치 않게 될지도 모른다.

만일 당신이 다른 사람들과의 관계에서 순종적인 행동을 관찰한다면, 당신은 그 사람이 다른 사람의 "장단을 맞추고" 있다고 생각할 것이다. 그 모습은 당신이 보기에 껄끄러워서, "왜 저 인간은 자신에게 저런 일이 일어나도록 내버려 두는 걸까? 자기 목소리를 내야 할 것 같은데"와 같은 생각을 할 수도 있다. 그리고 그 사람의 과거사를 듣게 된다면, 어쩌다 그런 행동을 하게 되었는지 이해하게 될지도 모른다.

어떤 사람이 순종적으로 행동할 때, 상대는 대개 그 사람으로부터 이점을 취하려는 관계에 빠져들게 된다. 그리고 사회적인 환경은 그 사람이 모든 일을 떠맡는 모습으로 변화하게 된다.

4.2 회피하는 대처 양식

이 대처 양식의 핵심은 어려운 일에 직면했을 때 회피하는 행동이다. 여기서 "어려운 일"은 발표, 다른 사람들과의 갈등, 사회적 교류(특정인, 또는 일반적으로), 스스로의 문제에 대한 부정적인 감정과 사고 등을 포함한다.

회피하는 행동의 종류는 무궁무진하다. 좁게 보면, 회피는 어떤 일을 하지 않을 때 일어난다. 어떤 상황을 피한다거나, 어려운 주제에 대한 논쟁을 피할 때 등이다. 주의가 산만해져 있을 때도 회피로 볼 수 있는데, "현실 세상"의 일을 처리하는 대신 끝없이 TV를 보거나, 컴퓨터 게임을 하거나, 인터넷 서핑을 할 때다. 이런 활동들 중에 포르노를 보거나 잔인한 살생 게임을 하는 등은 매우 자극적이기도 하다. 나아가 술, 대마나 신경 안정제(대개 벤조디아제핀) 등의 물질 사용도 회피로 볼 수 있다. 어떤 사람들은 모든 일에 대해 불평을 늘어놓기도 한다. 하지만 당신은 그들이 불평을 늘어놓을 때, 은근한 만족감을 느끼고 있다는 사실을 눈치챌 수 있다. 만일 당신이 그들의 불만을 멈추려 해도 그들은 해결책을 논의하는 대신에 계속해서 불만을 토로할 것이다. 이런 행동들도 회피로 분류되기도 한다.

회피 행동의 몇 가지 예시가 상자 4.2에 기술되어 있다.

> ### 🎁 상자 4.2: 일반적인 회피 행동 방식
>
> - **좁은 의미에서의 회피** 어려운 상황을 멀리하는 것, 특정 과제를 회피하는 것.
> - **분산** 컴퓨터 게임, 과도한 인터넷 사용, 영화 보기, 시끄러운 음악, 끊임없이 일하기, 과도한 운동.
> - **자극** 과식, 포르노 시청, 도박, 위험한 스포츠.

- **느낌의 약화** 술이나 마약을 사용해 불쾌한 감정으로부터 벗어나기.
- **투덜대기** 혼잣말, 일반화된 불평, 불만, 다른 사람들 탓 하기. 이런 사람들은 흔히 정말로 화가 나거나 힘든 것처럼 보이지는 않는다. 불만 토로는 일상적인 버릇에 가깝다.
- **낮은 기대수준** 아무런 목표도 설정하지 않는 것도 회피 행동에 속한다. 목표를 이루려 할 때 닥칠 어려움들 속에서 실망감을 느낄 필요가 없어지기 때문이다.

🎁 사례 예시

1. 해리는 높은 수준의 사회불안을 겪고 있는 경제학과 학생이다. 해리는 학창 시절에 작고 통통한 모습 때문에 괴롭힘을 당했는데, 대학에 와서도 고등학교 시절이 계속해서 떠올라 괴로워하고 있다. 몸무게를 감량하고 평균의 키까지 자라났지만, 아직도 자신이 부족하다고 느껴진다. 해리는 어려운 상황들을 회피한다. 시험에서 떨어지고 싶지 않아서 시험에 등록하지 않고, 강의실에서는 언제나 문 옆에 앉아 동기들을 피한다. 그렇게 하면 다른 사람들과 대화하지 않아도 되기 때문이다. 파티에 초대받으면 승낙하긴 하지만 실제로 가지는 않는다. 그 대신 해리는 인터넷 게임을 하고 TV를 시청하면서 저녁을 보낸다.

2. 케이틀린은 다른 사람들을 무서워한다. 아버지는 어머니를 구타하던 알코올 중독자였기 때문에 케이틀린은 아무 이유가 없어도 다른 사람들을 두려워하게 되었다. 현재 케이틀린은 장난감 가게에서 판매원으로 일하고 있는데, 가끔 요구 사항이 많은 고객들이 오면 압박감을 느끼고, 자신이 부족하다는 생각에 빠지기 시작한다. 몇 년 전 케이틀린은 술을 마시면 두려움이 사라지게 된다는 사실을 깨달았고, 그 때문에 현재에도 언제나 와인 한 병은 손 닿는 곳에 두고 살고 있다. 오전에 한 잔을 마시면 감정적인 고통이 사라지는 것 같았다. 가끔은 자신의 아버지처럼 알코올 문제를 갖고 있을지 모른다는 생각이 들기는 하지만 그런 생각을 억누르는 일은 어렵지 않다.

3. 14살 리디아는 슬플 때면 무언가를 먹는다. 마음이 아프거나 학교에서 스트레스를 받으면 초콜릿 바 한 개나 사탕 한 봉지를 먹어 치운다. 그래서는 안 된다는 걸 알고는 있지만, 단 것에 손을 뻗는 일은 거의 자동적으로 일어난다. 그래도 무언가를 먹은 후에는 기분이 나아지거나, 적어도 덜 슬프고 외로워진다.

4.2.1. 나의 회피하는 대처 양식 알아차리기

다음 문장들은 자신이 회피하는 대처 양식을 가지고 있는지, 가지고 있다면 얼마나 강한지 파악하는 데에 도움을 줄 것이다.

- 나는 가까운 친구나 다른 관계가 없는 편이 좋다.
- 나는 무언가를 직면하기를 꺼린다.
- 감정은 빨리빨리 바꾸는 편이 낫다.
- 나는 피상적인 관계를 더 좋아한다.

회피를 인정하기 위해서는 자아비판적인 성찰이 필요하다. 회피를 하는 사람들은 흔히 게임하기, 먹기, 회피하기 등의 행동들이 자신에게 별 도움이 되지 않는다는 사실을 알고 있다.

하지만 어떨 때는 자신의 회피를 알아차리기가 어려운데, 여러 요소가 한데 얽혀 있을 때가 특히 그렇다. 좋은 일이거나 필요한 일을 하지 않을 때에도 회피이지만, 세세한 부분에 집착하거나 다른 일을 하면서 실제의 목표와는 관련 없는 일을 할 때에도(이는 "대치"라고 불린다) 회피에 해당된다. 당신이 술을 너무 마시거나 단 것을 너무 많이 먹는 등 사실은 별로 내키지 않는 습관을 갖고 있다면, 혹시 회피와 관련되어 있지는 않은지 생각해보자. 불안하고 위태로울 때 술을 마시지는 않는가? 불만족스럽거나 공허함을 느낄 때 단 것을 찾지는 않는가? 먹는 행위는 당신을 달래고 당신에게 안정을 주고 부정적인 감정들로부터 눈을 돌릴 수 있게 해 준다. 이는 회피 양식을 갖고 있다는 단서가 된다. 작업지 10, "나의 회피하는 대처 양식"이 도움이 될 것이다. 당신이 원치 않는 버릇에 끌려 다니지 않는다면 어떤 기분이 될지 알아보자.

작업지 10: "나의 회피하는 행동 양식"

회피하는 방법	전형적 상황	행동의 이유	행동의 기원	나의 건강한 어른 양식은 어떻게 행동해야 할까?

📝 작업지 10a: "나의 회피하는 행동 양식 예시"

회피하는 방법	전형적 상황	행동의 이유	행동의 기원	나의 건강한 어른 양식은 어떻게 행동해야 할까?
나는 어느 일에 대해 불평을 내뱉고 내가 중요하게 대해지기를 기대한다. 하지만 사람들이 긍정적으로 반응하지 않으면 나는 공격적이 된다.	이야기 중에, 내가 한말에 누군가 마음에 들지 않을 때, 일상에서 마음에 들지 않음을 느낄 때.	사람들이 이야기해주고 지지하고 주다. 내게 관심있음을 느끼고 싶어서이다.	어머니에게서 거절을 당했던 것이 영향이 있다. 내가 어떤 말을 해도 엄마는 관심이 없었고 더 나아가 경청 조차 하지 않으셨고 자기 이야기만 하셨다.	중요한 사람에게 이야기하고 그들이 이해하도록 반복해서 말한다. 만약 사람들이 계속 반응이 없다면 내 기분을 상하게 하는 대신 대화를 중단한다.

4.2.2. 타인의 회피하는 대처 양식 알아차리기

다른 사람의 회피하는 대처 양식은 알아차리기 쉽다. 어떤 사람이 언제나 무언가를 외면하고 있거나, 사회적 모임에 참석하기로 하고 실제로는 참석하지 않거나, 회의에서 이미 해결된 일에 대해 자꾸만 문제 제기를 하거나, 시험 등록을 수차례 하지 않거나 하는 행동들은 모두 회피가 큰 비중을 차지하고 있다. 그 사람과 조금 더 친해진다면, 당신은 그 사람의 회피가 어떻게 작동하는지에 대한 통찰을 얻게 될 것이다. 어떤 친구는 파티에 계속해서 불참하면서, 컴퓨터 앞에 앉은 채 "잊었다"라는 말을 할지도 모른다. 또는 파티장에 도착하자마자 불안감을 이기지 못하고 술을 들이키기 시작하는 모습을 볼지도 모른다.

지난 몇 주 동안 만난 사람들의 회피 행동을 떠올려보자. 상자 4.2가 기억을 떠올리는 데에 도움을 줄지도 모른다. 회피가 얼마나 자주 일어나는지 깨닫게 된다면 놀랄 수도 있을 것이다.

상호작용에서의 회피 다른 많은 양식들처럼, 회피 또한 오래 지속되는 해로운 악순환을 일으키곤 한다. 한편으로 사람들은 당신의 만성적인 회피 행동에 화를 낼 수도 있고, 다른 한 편으로 회피 행동은 당신의 직장 또는 사적인 목표를 이루는 것을 방해할 수도 있다. 회피 양식을 가진 사람들은 만족스러운 관계를 맺기도 힘들어 한다.

회피를 일으키는 핵심적인 감정은 거절, 위협, 또는 애정 결핍이다. 회피 양식은 수 년간 이어질 수도 있고, 사회적으로 고립된 환경에서는 긍정적인 감정은 거의 느끼지 않으면서 지속될 수도 있다. 게다가 역기능적 대처는 이런 회피 양식을 불러 일으키는 부정적인 감정들을 더욱 강화시킨다.

> 🎁 **사례 예시**
>
> 해리는(83p, 사례 예시 1 참조) 대학교에서 세 번째 학기를 다니고 있다. 해리는 학교에 입학한 후 파티나 다른 사교 행사에 참여하지 않기 때문에 다

> 른 동기들보다 아는 사람이 적다. 그래서 그는 다른 사람들은 모두 서로를 알고 있지만, 자신은 그 속에 속하지 못한다고 느낀다. 이 사실을 떠올리면 해리는 끔찍한 기분을 느끼고, 회피 행동은 더욱 강화된다. 해리는 퀴즈와 시험과 과제에서도 똑같은 문제를 겪고 있다. 다른 학생들은 일정을 제법 잘 따르지만, 해리는 공부해야 할 시험과 제출해야 할 과제가 산더미처럼 밀려 있다. 해리는 무력해질 정도로 압박을 받고, 다른 학생들에 비하면 자신은 초라하고 열등하다고 생각한다. 물론 이 또한 해리의 회피 행동을 강화한다. 곱씹기를 멈출 수 없고 잠도 잘 들지 못한다. 이는 우울증의 초기 증상이다.

4.3 과잉보상하는 대처 양식

과잉보상이란 자신의 부모 양식과 아이 양식이 주는 메시지를 정반대로 받아들이고 행동하는 것을 뜻한다. 불안함에도 불구하고, 강한 확신에 차서 행동하거나, 강하게 요구하고 지배적인 모습을 보이기도 하며, 공격적이며 통제하려 드는 태도도 보인다. 실제로는 무력하고 열등하다고 느끼지만, 스스로를 자랑하고 다른 사람들을 공격한다. 그러나 모든 과잉보상이 불안이나 열등감으로부터 비롯되는 것은 아니다. 자기주장이 확실하고, 지배적이고, 통제하는 사람들 중에는 실제로도 자신이 강하고, 지적이고, 우월하다고 느끼고 있는 사람이 있을 수도 있다.

때때로 우리는 "역공포" 행동들에 대해 말한다. 이런 행동을 하는 사람들은 극도로 대처하기 힘들고 고통스러운 상황을 자처한다. 상자 4.3에는 일반적인 과잉보상의 예시가 나열되어 있다.

4.3.1. 나의 과잉보상 대처 양식 발견하기

다음 문장들은 당신이 과잉보상 행동을 하는지 알아볼 수 있도록 하는 데 도움이 될 것이다.

- 나는 다른 사람들이 하거나 하지 않는 일들에 대해 굉장히 비판적이다.
- 유명하고, 부유하고, 중요해지고, 성공하는 상상을 한다.
- 비판을 받으면 스스로를 보호하는 데에 혈안이 된다.
- 타인을 지배하려 한다.
- 타인을 위협해서 나를 존중하도록 한다.

자신의 과잉보상 행동을 알아차리는 일은 복잡해질 수도 있다. 이 책에서 다루고 있는 다른 양식들(건강한 어른과 아이 양식을 제외하고는)과 달리 과잉보상 양식에서 당신은 별로 나쁜 기분을 느끼지 않는다. 때로는 당신은 자신감이 붙고 기분이 좋아질 수도 있다. 다른 사람들보다 똑똑해진 것만 같고, 상황을 통제할 수 있으니 말이다. 이것이 과잉보상의 본질이다. 이는 당신의 목표를 이루기 위해 아주 적절한 수단인 것처럼 보인다.

🎁 상자 4.3: 전형적인 과잉보상 행동 방식

- **자기애적 자만** 이런 사람들은 자신을 뛰어나고 우월한 존재로 표현한다. 그들은 다른 사람들을 내려다보고, 자신의 지적 능력과 성공을 즐긴다. 다른 사람들은 그들에 대해 자랑이 지나치고 거만하다고 생각한다.
- **편집증적 통제** 과잉통제 경향이 있는 사람들은 다른 사람들을 의심한다. 그들은 자신이 이용당한다고 생각하고, 혹시 있을지도 모를 공격에 끊임없이 대비한다. 위협당하는 듯한 느낌 때문에 남을 탓하거나 통제하는 것으로 대처하려고 한다. 그들은 다른 사람들이 자신을 향한 음모를 꾸미고 있다는 말을 굳게 믿는다.
- **강박적 통제** 어떤 때는 불안을 느끼는 사람들이 다른 사람들에게 무엇을 할지 일일이 훈수를 둔다. 그들은 "옳은 방식"을 고수하면서, 상황에 대한 강한 통제를 얻는다. 이런 종류의 과잉보상은 고집 세고 융통성 없게 느껴진다.
- **관심 추구** 관심을 받고자 하는 행동은 예전에 "연극적"이라고도 불렸다. 이 사람들은 모든 사람들에게 자신을 관심의 중심에 두도록 요구한다. 그들은 피상적으로 강도 높은 감정을 드러내고, 다른 사람이 관심을 받는 상

황을 견디지 못한다(연극성 성격장애).
- **공격성** 공격적인 과잉보상은 과거에 심각한 폭력 또는 위협을 경험한 사람들에서 전형적으로 드러난다. 공격적인 과잉보상 양식을 사용하는 사람들은 상황이나 집단을 통제하기 위해 언어적이거나 신체적인 위협을 사용한다. 이들은 보복이나 제거를 위해 위협과 폭력을 의도적으로 사용한다.
- **거짓말과 사기** 불안정한 상황에서 성장한 사람들은 자신의 이익을 위해 거짓말을 하고 타인을 이용하는 법을 익힌다. 이런 행동들은 성인의 거짓말과 사기의 과잉보상으로 흔하다.

사례 예시

1. **자기애** 글렌은 정신건강의학과 전문의로 일하고 있다. 그의 동료들은 자주 스트레스를 받고 괴롭힘을 당한다고 느끼는데, 글렌이 계속해서 동료들을 공개적으로 모욕하고 비판하기 때문이다. 글렌은 자기확신이 지나치고, 잘 알지도 못하는 환자를 어떻게 치료해야 할지에 대해서도 참견한다. 게다가 그런 행동을 비판하려고 하면 더한 모욕이 뒤따른다. 그가 없을 때 동료들은 글렌을 "하늘 같은 나으리"라고 흉본다.

2. **강박적 통제** 올리비아는 대학교 3학년이며, 동기들과 함께 발표 준비를 하고 있다. 협업은 모든 상황을 통제하고 싶어하는 올리비아에게 언제나 힘들었다. 올리비아는 언제나 거의 모든 일을 도맡고, 고압적인 태도로 업무를 분배하고, 동기들에게 굉장히 엄격한 기준을 요구한다. 발표 자료가 자신의 기준에 맞지 않으면 견디지를 못한다. 회의 시간에도 말을 하는 사람은 대개 올리비아이고, 누구도 말을 자르고 다른 말을 꺼낼 수가 없다. 다른 사람들이 조금 여유를 가시라고 말하면 오히려 화를 부른다. 그런 말을 들으면 올리비아는 말이 더욱 빨라지고, 신경이 곤두선다. 결국 올리비아는 모든 일을 자신이 하게 되는데, 동료들은 별로 고마워하는 마음을 갖지 않는다.

3. **폭력성** 캐롤린은 어렸을 적에 심각한 신체적, 성적 학대를 당했다. 청소년기에는 마약을 했고 길거리에서 살았으며, 매춘으로 돈을 벌기도 했다. 캐롤린은 신체적으로 강인하며 쉽게 목소리를 높이고 공격적으로 행동하여 언제나 원하는 바를 이루어낸다. 누군가가 캐롤린을 비판하려고 하면 캐롤

> 린은 당장 반격한다. 모욕을 하고 몰아붙이면서, 심지어는 신체적으로 위협하기도 한다.
>
> 4. **편집증적 통제** 존은 마약 남용으로 입원했다. 그리고 자신을 도와주려는 사람들에게 의존하게 되었다. 하지만 존은 사회 봉사자들과 상담사들을 믿지 않는다. 어렸을 적에 존은 기숙 학교에 다녔고, 성적으로 학대를 당했다. 그때부터 존은 절대 감정을 드러내지 않고 모든 사람들과 거리를 두었다. 존은 언제나 자신의 상담사를 주시하고, 모든 예기치 못한 변화들에 화를 낸다. 프로그램에 참여하기를 거부하기도 하고 사회복지사들의 성실성에 트집을 잡으려고 하면서 자신의 마음에 들지 않을 때마다 비난을 했다.
>
> 5. **거짓말과 사기** 케빈은 트레일러에서 자랐다. 어린 시절은 혼란스러웠으며 감정적으로 방치되었고, 물질적으로는 낭비가 심했다. 케빈은 훈육이 필요할 정도로 장난이 심하고 활동적이었지만, 부모님은 관심이 없었다. 어머니는 알코올 중독자였고, 아버지는 케빈이 두 살 때 가족을 떠났다. 어머니에게는 애인이 여럿 있어서 케빈을 방치해 두었다. 케빈은 조부모의 손에서 길러지기도 했다. 14살이 되었을 때에는 자신만의 트레일러를 받았고, 혼자 살 수 있게 되었다. 케빈은 언제나 교활하게 행동하고 속임수를 써서라도 원하는 것을 얻어내곤 했다. 점점 불법적인 행위에도 발을 들이게 되었고, 이제는 마약을 투약하거나 팔기도 한다.

하지만 조금이라도 더 자세히 들여다 보면, 대다수의 사람들은 과잉보상이 기분을 좋게만 해주지는 않는다는 점을 알고 있다. 오히려 과잉보상을 할 때, 그들은 원래의 자신과는 동떨어져 있다는 인상을 받는다. 자신이 정말로 필요로 하는 것이나 원하는 것이 무엇인지 확신이 서지 않고, 긴장되어 있다. 그들은 어떤 수준에서는 자신의 그런 상태를 마음에 들어 하지 않는다. 말을 너무 많이 하고 있다거나, 뽐내고 있다는 사실을 인식할지언정 어떻게 멈추어야 할지는 알지 못한다.

다른 모든 대처 양식들처럼, 과잉보상 대처 양식은 힘든 상황에서 활성화된다. 만일 당신이 가끔 과잉보상 행동을 하는 것 같다면, 자신이 힘들었던 상황을 돌이켜 보도록 하자. 어떤 기분을 느끼고, 어떻게 반응했었는지를 말이다.

당신은 과잉보상 행동을 한 것일까? 작업지 11, "나의 과잉보상하는 행동 양식"이 이 질문에 대한 답을 얻는 데에 도움을 줄 수 있을 것이다.

다른 사람들이 당신의 전형적인 과잉보상 행동을 비판한다면, 당신은 그것을 진지하게 받아들여야 할 것이다. 어쩌면 사람들은 이미 당신이 자의식이 지나치며, 자랑질이 심하고, 지배적이고, 통제적이며, 목소리가 너무 크거나 쉽게 흥분한다고 말했을지도 모른다. 당신은 그것이 과잉보상의 맥락에서 일어난 일인지 되짚어 보아야 할 것이다. 질문 속의 상황들을 상상해보자. 지배적이거나 공격적인 행동 뒤에 취약한 감정들이 숨겨져 있지는 않았는가? 이런 행동들에 대한 지적을 받은 적이 있는데, 구체적인 상황을 떠올릴 수는 없을 때, 좋은 친구 한 명에게 물어보면 도움이 될 것이다. 예시가 있다면 당신에게 말해줄 테니까.

4.3.2 타인의 과잉보상하는 대처 양식 알아차리기

보통은 자신보다 타인의 과잉보상하는 대처 양식을 알아차리기 더 쉽다. 과잉보상하는 양식을 취한 사람들은 흥분되어 있고 진실하지 않다는 인상을 준다. 그들은 자신을 자랑하고, 타인을 지배하려 든다. 이런 행동의 대상이 되는 사람들은 방어적인 행동을 하고, 통제 당하는 느낌을 받고, 위협을 느끼기도 한다. 자기애적 과잉보상의 경우에는 주변 사람들이 자신의 가치가 떨어진 것 같은 기분을 느낄 수 있다. 우리는 상대의 그런 행동들을 마음에 들어 하지 않지만, 상대방의 반응이 두렵기 때문에 직접 지적하지는 않는다. 그리고 실제로 지적한다면 정말로 더 지배적이고 강압적이고 위협적으로 돌변할 수도 있다. 많은 사람들은 자신이 과잉보상의 표적이 되고 싶지 않기에 침묵을 지킨다.

재차 강조하자면, 이것은 다른 역기능적 양식들처럼 끔찍한 악순환을 불러온다. 사람들은 대개 강한 외로움, 무력함, 열등감, 위협 등에 맞서 과잉보상 방식을 발달시킨다. 그들은 과잉보상을 통해 위협을 통제하고 타인의 행동을 제한한다. 한편 다른 사람들은 이런 사람에게 호감을 느끼지 못하고 피하거나 충돌하려 할 것이다. 이는 최초의 부정적인 감정과 과잉보상 모두를 강화하게 된다. 과잉보상하는 대처 양식을 가진 사람들은 자주 외롭고, 사랑 받지 못한다.

작업지 11: 나의 과잉보상하는 대처 양식

다음 중 어떤 행동이 나에게 익숙한가?	이 방식은 얼마나 강하게 드러났는가? (0-100)	어떤 상황에서 이런 행동을 취했는가?	내가 정말로 원했던 것은 무엇인가?	이 행동이 나의 욕구를 충족시켰는가?
자기애적 방식				
편집증적 통제				
강박적 통제				
관심 추구				
공격성				
거짓말과 사기				

> 🎁 **사례 예시**
>
> 줄리엣이 톰과 사귀기 시작한 지도 몇 달이 지났다. 두 사람 모두 아동기에 부모로부터 방치 당한 경험이 있다. 줄리엣의 부모님은 굉장히 바라는 것이 많았던 것에 비해 아이에게 실제로는 신경을 쓰지 않았다. 반면 톰은 신체적인 학대를 당했다. 톰은 다른 사람들이 차갑게 굴거나 우위를 점한 것처럼 행동하는 것을 견디지 못한다. 줄리엣과 톰은 과거에 대한 이야기를 많이 하고, 서로를 지지해주려고 한다.
>
> 어느 날 줄리엣은 몹시 시무룩해져서 집으로 돌아왔다. 하지만 톰은 알아차리지 못했다. 톰은 줄리엣에게 자신은 이제부터 친구들과 함께 축구를 보러 갈 것이라고 말했다. 줄리엣은 이해 받지 못한 것 같고, 버림받은 것 같은 느낌에 상처를 받았다(취약한 아이 양식). 이런 기분에 대해 말하는 대신 줄리엣은 "그럼 가버려. 어차피 널 보고 싶은 기분도 아니야"라고 차갑게 말했다(공격하는 대처 양식). 톰은 상처를 받고, 줄리엣이 자신의 취약한 면들에 대해 알고 있음에도 왜 그런 식으로 행동하는지 이해하지 못했다. 여기에서 톰이 똑같은 공격하는 대처 양식을 사용해 대응한다면 큰 싸움으로 번질 것이 뻔하고, 회피하는 대처 양식을 사용한다면 곧장 떠나야 하는데, 그러면 줄리엣이 버림받았다는 느낌을 받게 될 것이다.

4.4 요약

사람들은 다른 상황에서 다양한 대처 양식을 사용한다. 당신은 한 가지 대처 양식을 다른 대처 양식들에 비해 더 자주 사용한다는 사실을 깨달았을지도 모른다. 예를 들면, 강한 죄책감 유발 부모 양식을 가진 사람들은 오랜 시간 동안 굴복으로 대처해왔을 가능성이 크다. 하지만 감당하기가 버거워지면, 강한 부정적인 감정으로부터 도망치기 위해 회피하는 대처 양식으로 바꾸게 될 수도 있다. 과잉보상하는 대처 양식을 사용하는 사람들은 자신의 경향을 잘 파악하지 못하고 있을 수 있는데, 이는 이 양식을 사용할 때에는 스스로가 자랑스러워지고, 다른 사람들보다 똑똑해진 것 같고, 상황을 통제하고 있다는 느낌을 받기 때문이다. 이들은 통제 당하고 밀려난 동료와 지인의 반응을 본 후에야 자신이 무엇을 하고 있는지 알아차린다. 어떤 사람이 그들에게 자기중심적이거나 스스로를 자랑한다거나, 통제하기 좋아한다는 말을 한다면, 그 사람은 과잉보상 양식을 묘사하고 비판하는 것이다.

역기능적 대처 양식에 대해 배운 것을 생각해본 후, 작업지 1 "나의 양식 한눈에 보기"에 적어 보자.

다음 장에서 당신은 다양한 상황 속에서 강렬한 감정이나 부정적인 내면의 목소리에 압도되지 않는 건강한 방식으로 대처하는 법을 배우게 될 것이다. 이 양식은 "건강한 어른 양식"이라고 불린다.

5

건강한 어른 양식

건강한 어른 양식은 당신의 내적 권위자다. 이 양식은 당신의 감정과 여타 심리적 처리 과정에 대한 상당히 객관적이고 이성적인 관점을 가지고 있다. 정신역동적 심리치료에서 이 양식은 "건강한 자아 기능"이라고 불린다. 당신은 이 양식 안에서 자신과 타인을 향한 건강하고 적절한 판단을 내릴 수 있다. 또한 감정적으로 휩쓸리지 않고도 일상의 문제들을 해결할 수 있다. 작은 거절의 신호에도 세상이 무너진 것처럼 상심하지 않고, 갈등을 감내하고 잘 처리할 수 있다는 뜻이다. 그리고 어떤 때에는 자신의 욕구보다 다른 이들의 욕구를 우선시 할 필요도 있음을 알고 있다.

결과적으로 당신은 타인의 욕구와 자신의 욕구 사이의 건강한 균형을 유지할 수 있다. 당신은 건강한 어른 양식 안에서 부정적인 감정에 압도되지 않기 때문에 상황을 회피하거나 감정에 대해 과잉보상을 할 필요도 없다. 대개의 경우 당신은 어떤 감정을 느끼고, 왜 그런 감정을 느끼는지 파악하고 있으며, 스스로 어른처럼 느끼고, 어른다운 흥미, 책임감, 즐거움 등을 추구할 수 있다. 물론 우리는 큰 그림을 이야기하고 있는 것이지, 그 누구도 완벽할 수는 없다!

어쩌면 당신은 건강한 어른 양식과 행복한 아이 양식 사이의 공통점을 벌써 알아차렸을지도 모른다. 가장 큰 공통점은 이 두 가지 양식 안에서 당신은 편안하고 기분이 좋다는 것이다. 행복한 아이 양식에서 주로 느낄 수 있는 감정은 편안함, 재미, 호기심이다. 반면, 건강한 어른 양식에서는 더 어른다운 즐거움을 느끼면서도 도전과 책임감 또한 경험한다.

> 🎁 **상자 5.1 건강한 어른 양식의 특징**
>
> - "건강한 자아 기능"
> - 상황, 갈등, 관계, 자신과 타인을 향한 현실적인 판단을 한다.
> - 사소한 문제로 부정적인 감정에 압도되지 않는다.
> - 당신은 자신의 감정과 타인의 감정을 모두 고려한다.
> - 자신의 욕구와 타인의 욕구 사이의 균형을 맞출 수 있다.
> - 당신은 노력하고, 책임지고, 의무를 다할 수 있다.
> - 직면한 문제들에 대한 건설적인 해결책을 찾을 수 있다.
> - 스포츠, 문화, 성행위 등의 어른다운 즐거움과 흥미를 즐길 수 있다.

강한 행복한 아이 양식을 가진 사람들은 그만큼 건강한 어른 양식을 강한 수준으로 경험하고, 그 반대도 마찬가지다. 반면 역기능적 아이와 부모 양식이 강한 사람들은 건강한 어른 양식을 충분히 발달시키지 못한 경우가 많다. 그러므로 건강한 어른 양식이 약한 사람들에 비해 건강한 어른 양식이 강한 사람들이 심리적인 문제에 덜 시달리는 것도 당연하다.

건강한 어른 양식을 발달시키기 위한 중요한 선행 조건 중 하나는 아동청소년기에 기본적인 욕구가 충족되는 것이다(2장 17쪽 참고). 아이가 사랑 받았고 애착 형성이 되었다고 느끼거나, 욕구와 감정을 자유롭게 표현해도 된다고 느낀다면, 또한 자율성이 받아들여지는 동시에 합당한 제한을 경험한다면, 그것들은 건강한 어른 양식을 위한 포석이 된다. 불행하게도 이는 양쪽 방향으로 이루어지기 때문에, 이런 긍정적인 경험이 없는 사람들은 건강한 어른 양식을 길러내는 데에 어려움을 겪곤 한다.

> 🎁 **사례 예시**
>
> 1. 당신은 이미 2.3절에서 행복한 아이 양식을 가진 앤과 만나 본 적이 있다. 앤과 그녀의 남편은 맞벌이 부부로 함께 세 아이를 돌본다. 그들의 행복한 아이 양식은 강하지만, 책임과 욕구 사이에서 균형을 잡기 위해서는 건강

> 한 어른 양식이 강하게 작용하는 것이 필수적이다.
> 매일같이 정신 없는 일과들을 무사히 마치려면, 우선순위를 정하는 것이 중요하다. 아이들을 돌봐야 하지만 동시에 휴식과 회복이 필요하다는 말도 할 수 있어야 한다. 그들의 건강한 어른 양식 덕분에 그들은 심리적인 안정에 매우 중요한 운동을 규칙적으로 할 수 있다. 물론 그들이 완벽하지는 않지만, 크게 보았을 때 그들의 삶은 순탄하다.
> 2. 당신은 아이들을 좋아하는 엠마에 대해서도 2.3절에서 보았다. 수 년간 엠마는 열정적으로 직업에 임했고, 필요한 것보다 자신을 조금 더 희생하는 모습을 보이기도 했다. 디스크 때문에 고생한 이후에 엠마는 자신의 모든 것을 타인에게 쏟아 붓는 대신 스스로를 조금 더 보살피는 법을 배웠다. 요즘 엠마는 재활 치료에 열심이다. 이제는 걸을 수도 있고, 사우나에도 간다. 그리고 자신에게 돌려주는 것도 없이 요구만 많던 몇몇 친구들과는 거리를 두게 되었다.

5.1 나의 건강한 어른 양식 알아차리기

건강한 어른 양식일 때 당신은 어느 정도 기분이 편안하고 안정되어 있다. 걱정이 있을 수는 있지만 압도되지는 않고, 자신이 어떤 감정을 느끼고 있으며 무엇을 원하는지 알아차릴 수 있고, 내면의 경험들을 들여다볼 수 있다. 건강한 어른 양식에서 당신은 긴장해 있지 않다. 문제를 해결하기 위해 회피하거나 과장되게 굴복할 필요도 없다.

다음 문장들이 건강한 어른 양식을 묘사한다.

- 나는 나의 감정들을 표현할 때와 숨겨야 할 때를 안다.
- 나는 감정에 압도되지 않고 문제를 이성적으로 해결할 수 있다.
- 나의 삶은 충분히 안정적이고 안전하다.
- 내가 부당하게 비난 당하거나 학대 받거나 이용당할 때 나는 자신을 지킬 수 있다.

많은 사람들은 자신의 건강한 어른 양식을 강화시키고 발전시키기 위해 노력한다. 어떤 환경에서 당신은 이 양식을 쉽게 이끌어낼 수 있을까? 이에 대한 답을 찾는다면, 건강한 어른 양식을 훈련시키기에 좋은 시작 지점이 될 것이다. 작업지 12, "나의 건강한 어른 양식"에서 도움을 받자.

- 어떤 활동이나 환경 속에서 건강한 어른 양식이 활성화 될까?
- 나의 삶에는 건강한 어른 양식을 이끌어내도록 도와줄 주변 사람들이 있는가?
- 건강한 어른 양식에서 나는 무엇을 느끼는가?

당신의 건강한 어른 양식을 지지하는 요소들이 무엇인지 찾아보는 것으로 시작하면 좋다. 하지만 누구도 항상 건강한 어른 양식으로만 활동할 수는 없다. 그것은 비현실적인 목표이기 때문이다.

5.2 타인의 건강한 어른 양식 알아차리기

건강한 어른 양식은 적절하고 현실적인 방법으로 문제에 직면할 때 활성화된다. 당신은 대상을 향한 명료한 관점을 가지고 있고, 그 관점은 과장된 자기비판(처벌하는 부모 양식), 극단적인 취약함(취약한 아이 양식), 또는 회피나 과잉보상하려는 시도로 인해 흐려지지 않는다.

당신은 중요한 문제나 갈등에 대해 말할 수 있고, 당신이 대면한 사람들도 오해하거나 과잉반응하지 않는다. 당신의 관계에 대해서는 건강한 어른 양식이 행복한 아이 양식과 닮아 있다. 반면, 역기능적인 부모나 아이 양식은 자주 대인관계에서 부담스럽고 중압감을 느끼며 부정적인 감정을 유발하지만, 건강한 어른 양식은 완전히 반대로 작동하여, 타인들과 꾸준하고 긍정적이며 성공적인 협동을 가능하게 한다. 갈등이 발생한다고 해서 관계가 완전히 망가지지도 않는다. 건강한 어른 양식이 강한 사람들은 비교적 작은 심리적인 문제를 가질 뿐만 아니라, 인기가 많고 타인과의 관계를 장기간 유지할 줄 안다. 그들의 사회적인 삶에서 주체적인 능력은 그들의 건강한 어른 양식을 더욱 강화시킨다. 긍정적 피드백은 선순환을 만든다.

📝 작업지 12: 나의 건강한 어른 양식

나의 건강한 어른 양식

양식에 지어준 이름(예: 책임감 있는 피터):

1. 건강한 어른 양식을 어떻게 알아차릴 수 있을까?

무엇이 나의 건강한 어른 양식을 촉발하는가?

이 양식에서 나는 어떤 감정을 느끼는가?

이 양식에서 나는 어떤 생각을 떠올리는가?

이 양식에서 어떤 기억이 연상되거나 촉발되는가?

2. 내가 건강한 어른 양식일 때 나의 기본적인 욕구들이 충족되는가?

3. 이 양식은 나의 안정감에 어떤 영향을 주는가?

5.3 건강한 어른 양식을 다른 양식들과 구분하는 방법

당신은 지금까지 접한 양식들을 구체적으로 분류하기가 여간 까다롭지 않다는 것을 이미 눈치챘을지도 모르겠다. 건강한 어른 양식은 의무를 수행하고 책임을 다한다. 그러나 죄책감 유발 부모 양식도 목표를 달성하는 데에 집중하기는 마찬가지다. 그렇다면 이 둘은 어떻게 다를까? 건강한 어른 양식도 부정적인 감정들을 표현한다. 그러나 강한 분노를 표출하는 성난 아이 양식과는 어떻게 다를까? 감정을 회피하는 행위는 또 어떨까? 실제로 상황, 사람과 감정을 피해가는 것이 실제로 이로운 때와 역기능적인 때를 어떻게 구분할 수 있을까?

이런 질문들은 중요하다. 어떤 때에는 가장 두드러지게 활성화된 양식을 포착하기가 쉽지 않을 수도 있다. 여러 양식들이 한꺼번에 활성화 될 수도 있다. 예를 들면, 나는 어떤 사람이 나를 좋아하고, 거부하지 않으려는 사실을 알고 있는 한편(건강한 어른 양식), 상처받고 거절당한 것처럼 느낄 수도 있다(취약한 아이 양식).

그렇지만 당신이 현재 사용하는 양식이 역기능적 양식인지, 또는 건강한 어른 양식인지를 구분하는 중요한 방법이 하나 있다. 당신 자신의 욕구를 고려하고 있는지가 관건이다. 어떤 상황에서 당신의 욕구와 타인의 욕구가 모두 충족되는 판단을 내린다면, 건강한 어른 양식이 활성화되었다고 볼 수 있다. 당신과 타인 양측의 감정과 욕구를 헤아리는 것이 중요하다. 하지만 만약 당신이 타인의 욕구를 무시하고 자신을 가장 앞세운다면, 또는 자신이 무엇을 필요로 하고 있는지를 완전히 무시해 버린다면, 역기능적 양식이 활성화 되었다고 볼 수 있다.

표 5.1 기능적 양식과 역기능적 양식 비교하기

	건강한 어른 양식	역기능적 양식
자기 훈육	책임을 다하고 자신을 통제하지만, 한계와 욕구를 소홀히 하지 않는다. 예: 열정적이고 주어진 업무를 모두 마치지만, 적절한 휴식을 취하는 것 또한 잊지 않는다.	요구하는 부모 양식; 혹사시키고 과도한 통제를 한다. 예: 야망이 커서 하루 종일 일한다. 일 외에는 아무런 관심이 없기에 소진이 될 가능성이 높다.

자기 비판	자기혐오 없이 자신을 비판할 수 있다 예: 자신의 약점을 알아차리고 개선하기 위해 노력한다. 자신이 무가치하다고 생각하지 않는다.	처벌하는 부모 양식; 과장된 자기비판을 하고, 스스로를 혐오하고 많은 제약을 건다. 예: 약점이 조금이라도 드러난다면 스스로를 무가치하게 느낀다.
즐거움, 과도한 행위	즐기는 것이 중요하고, 자신을 항상 통제할 필요가 없다는 사실을 알고 있다. 다만, 과하게 하지는 않는다. 예: 가끔 호화스러운 저녁 식사를 하거나 비싼 신발을 산다. 하지만 감당할 수 없는 지출은 하지 않는다.	훈육되지 않고, 충동적이며, 버릇없는 아이 양식; 타인의 욕구나 장기적인 영향을 고려하지 않은 채 자신의 욕구만 채운다. 예: 빛이 있으면서도 항상 새로운 옷을 산다.
분노 표현	사회적으로 적절한 방식으로 분노를 표현한다. 예: 화가 날 때 마음이 상한 이유를 상대에게 비폭력적으로 털어놓는다.	성난 아이 양식; 부정적인 결과를 가져오는 통제되지 않은 분노가 터져 나온다. 예: 화를 참으며 지내다 파티 같은 상황에서 뜬금없이 폭발한다.
감정 회피	전략적으로 회피를 사용하기는 하지만 극단적인 회피를 사용하지는 않는다. 예: 자신의 감정과 잘 연결되어 있지만, 직장 상사가 기분이 좋지 않아 소리를 지르기 시작하면 "잠시 신경을 끈다".	회피하는 대처 양식: 모든 종류의 감정을 회피하고, 중요한 관계, 경험, 발전으로부터 멀어진다. 예: 비판을 두려워하기에 모든 종류의 접촉을 피하고 친구나 믿을 만한 친절한 사람들과도 거리를 둔다.
통제하기	통제를 해야 하는 상황을 두려워하지 않지만, 타인의 욕구 또한 유연하게 고려한다. 예: 일 처리에 불협화음이 있으면 나서서 상황을 정리하지만, 일이 제대로 진행되고 있을 때에는 다른 사람들에게 기꺼이 맡긴다.	과잉보상 양식; 매우 고지식하고 고착화된 방식으로 상황을 통제하려고 한다. 예: 언제나 모든 일에 명령을 내리고, 주변의 모든 사람들은 불편해한다.

5.4 요약

이 장에서 당신은 건강한 어른 양식을 가지고 있을 때 어떻게 느끼고 생각하고 행동하는지 배웠다. 이 양식은 행복한 아이 양식과 더불어 스스로에 대한 그리고 타인을 향한 긍정적인 정서를 느끼게 하고 목표를 달성하도록 돕는다. 건강한 어른 양식에 대한 정보는 작업지 1, "양식 한 눈에 보기"에 적어 두도록 하자.

이 책의 두 번째 파트에서는 역기능적인 양식을 약화시키고, 아이 양식을 지지하며, 건강한 어른 양식과 행복한 아이 양식을 강화하여, 고정된 사고 방식을 변화시키는 방법에 대해 설명할 것이다. 표 5.1에 기능적 양식과 역기능적 양식을 비교하여 정리해 두었다.

자신의
양식 바꾸기

6

취약한 아이 양식 치유하기

심리치료의 가장 중요한 목표는 당신 자신에게 좋은 어머니와 아버지가 되기 위해 배우는 것이라고 말한 사람은 다름 아닌 지그문트 프로이트다. 우리는 이 목표를 달성하기 위해 두 가지를 특히 고려해야 한다. 첫째는 스스로의 취약한 아이 양식과 만나는 것이고, 둘째는 그 아이를 잘 돌보는 방법을 배워야만 하는 것이다.

취약한 아이 양식과 만나는 것은 쉽지 않을 수도 있다. 많은 사람들이 자신의 아동기를 기억해내기 어려워하거나, 어린 시절의 기억을 감당하기 힘들어 한다. 많은 사람들은 동반되는 부정적인 감정들 때문에 자신의 아이 양식을 밀어내거나 심지어는 혐오하기도 한다. 애석하게도 이런 태도는 부정적인 감정을 감소시키는 데에 아무런 도움도 되지 않는다.

두 번째 단계인 취약한 아이 양식을 돌보는 방법을 배우는 것 역시 쉽지 않은 일이다. 아이 양식을 잘 보살피기 위한 선행 조건은 아무리 까다로운 일이 될지라도 당신 내면의 아이를 받아들이는 것이다. 내면의 아이가 진정으로 원하고 있는 것이 무엇인지 잘 헤아려 보자. 시간이 흐를수록 당신은 아이가 요구하는 것이 무엇인지 더 잘 알아차릴 수 있게 될 것이다.

6.1 취약한 아이 양식과 만나기

당신이 스스로의 취약한 아이 양식과 대면하는 방법은 다양하다. 그중 가장 효과가 좋다고 알려진 방법은 소위 심상 훈련이라고 불리는 방법이다. 이 훈련을 통해 당신은 자신의 상상 속에서 자신의 감정을 생각이나 심상과 연결시킨다. 우리의 감정과 기억은 서로와 밀접하게 연관되어 있다. 당신이 슬픔이나 외로움 같은 내면의 아이의 감정으로 고통 받을 때, 상상을 통해 과거로 여행을 떠나보는 것이 이런 감정의 원천을 발견하고 이해하는 데에 도움이 될 것이다.

훈련 6.1
취약한 아이 양식과 소통하기

눈을 감고 이완하세요. 숨을 깊이 쉬십시오. 들숨과 날숨을 느껴보세요.

취약한 아이 양식과 관련될 수도 있는 감정을 느꼈던 최근의 사건을 한번 자유롭게 떠올려 봅니다. 그때의 상황을 재현하고 가능한 그때의 감정을 그대로 느껴보세요. 그런 감정들을 느낄 수 있게 되었을 때, 떠오른 장면이 있으면, 그 장면을 지우고 상상을 따라 과거로 향해보세요. 어떤 심상이나 기억이 떠오르나요? 이런 기억을 겪었을 때 아이의 감정이 어땠는지 느껴보세요.

오늘날 겪고 있는 감정과 이 감정 사이에는 어느 정도 연관이 있나요?

🎁 **사례 예시**

매디슨은 취약한 아이 양식을 강하게 갖고 있는 중학교 교사다. 이 양식은 학교 폭력을 당했던 경험으로부터 비롯된다. 직장에서 학생들과 갈등을 빚게 될 때 매디슨의 취약한 아이 양식이 촉발됐다.

요즘 매디슨은 세 개의 수업을 통해 굉장히 반항적인 9학년들을 가르친다. 오후가 되면 매디슨은 몹시 지치고, 거절당한 것 같고, 외롭고, 절박해진다. 매디슨은 소파에 누워 눈을 감고, 이런 감정들을 느끼고 받아들인다. 그리고 마음이 자신의 과거로 떠나가도록 내버려둔다. 몇 초가 지나면 까맣게 잊고 있었던 심상 하나가 떠오른다. 현장 학습을 떠났던 어느 날, 매디슨은 중심을 잃고 넘어져서 안경을 깨뜨린 적이 있었다. 안경 없이 학교에서 집으로 돌아가는 건 어려운 일이어서, 선생님이 계속 손을 잡고 있어 주어야만 했다. 다

> 른 학생들은 이런 매디슨의 모습을 놀렸고, 집에 돌아갔을 때, 어머니는 매디슨을 위로하지는 않고 새 안경을 마련해야 하는 비용과 수고 때문에 오히려 화를 냈다. 이때에 매디슨이 느낀 감정은 오늘 그녀가 느낀 감정과 아주 유사했다.

어쩌면 당신은 이렇게 고통스러운 상황의 재현을 통해 내면의 아이 양식과 만나기가 두려울지도 모른다. 훈련 6.2는 취약한 아이 양식과 만날 수 있는 다른 좋은 방법을 소개한다. 이런 훈련을 통해 당신은 "어린 자신"과 천천히 만나게 된다.

훈련 6.2를 마친 후에는 스스로에게 이런 질문들을 해 보는 것도 좋다.

- "어린 자신"과의 만남에서 어떤 느낌을 받았는가? 이 훈련으로 인해 유발된 감정과 생각을 적어 보자.
- 당신의 "어린 자신"은 당신이 무엇을 하기를 바랐는가? 그 아이는 무엇을 원하고 있었는가?
- "어린 자신"에게 주고 싶은 것이 있었는가? 담요 같은 물건이든 또는 조언이나 위로든..

원한다면 이런 훈련을 변형시켜도 좋다. 예전에 살던 집을 방문하여 "어린 자신"을 만나거나 다른 특별한 장소여도 좋다. 자신이 자라났던 집을 둘러 보아도 좋고, 부모님이나 형제 자매, 친구들, 선생님 등 자신에게 중요했던 사람들을 만나 보아도 좋다.

어린 시절의 소장품을 꺼내 보자 낡은 장난감, 편지, 사진 등은 당신이 어렸을 적에 느꼈던 감정들을 되살리는 데에 도움을 줄 것이다. 우리의 기억과 감정은 감각과 밀접하게 연결되어 있다. 특정한 향수의 향은 할머니와의 추억을 생생하게 되살릴 수 있고, 낡은 사진은 당신이 살았던 과거의 한 순간을 일깨워낼 수 있다. 이런 물건들과 연결된 감정을 최대한 생생하게 느껴

보기 바란다. 이를 통해 당신이 느끼는 감정의 기원을 이해할 수 있고, 또한 왜 이런 특정 상황들이 오늘날까지도 힘든 감정들을 유발하는지 이해할 수도 있다.

훈련 6.2
"어린 자신"을 만나러 가는 심상 여행

이 훈련을 위해서는 편안하고 조용한 장소가 마련되는 것이 좋습니다. 적어도 15분 동안은 방해를 받지 않도록 하세요. 이 훈련의 지시 사항을 먼저 모두 읽고, 눈을 감고 몸을 이완시킵니다.

당신은 한적한 시골길을 걷고 있습니다. 양 옆으로 푸른 잔디가 자라 있고, 태양이 빛나고, 부드러운 바람이 불어옵니다. 100미터쯤 앞에는 언덕 하나가 있고, 당신은 길을 따라 언덕 앞으로 갑니다. 당신이 어떻게 걷고 있는지 상상해 보세요. 뺨에 와 닿는 햇살과 바람을 느껴 보세요. 완전히 편안하게 이완될 때까지 평화로운 길 위를 걸어 봅니다.

산책을 계속하던 중, 당신은 언덕 뒤에서부터 당신을 향해 걸어오는 한 아이를 발견합니다. 아이는 여섯 살쯤 된 것 같습니다. 당신은 계속해서 느리게 걷고, 아이는 당신과 가까워집니다. 당신은 그 아이가 자신이라는 것을 깨닫습니다. 당신의 "어린 자신"은 계속해서 당신에게 다가옵니다. 서로를 향해 가까워지는 동안, 아이를 자세히 들여다 보세요. 마침내 만났을 때에는 친절하게 인사를 건네 봅시다. 포옹을 하거나 머리카락을 쓰다듬고 싶을 수도 있습니다. 또는 처음에는 거리를 조금 두고 싶을지도 모르죠. 이 장면을 최대한 생생하게 떠올리려고 노력해 보세요. "어린 자신"은 어떻게 생겼나요? 그 아이와 만나는 기분이 어떤가요? 아이에게 해 주고 싶은 말이 있나요? 또는 그저 잔디밭에 나란히 앉아 시간을 보낼 수도 있습니다. 몇 분쯤 아이와 함께 시간을 보내다가, 적당한 때가 되었다는 생각이 들면, "어린 자신"과 작별 인사를 합니다. 무언가 건네고 싶나요? "어린 자신"이 떠나가는 모습을 지켜보세요. 그리고 천천히 이 훈련을 마무리 지으세요. 의자에 앉은 몸이 어떤지 느껴보고, 두 발이 바닥에 닿는 감각에 집중해 보세요. 그런 후에 천천히 눈을 뜨고 지금 현재로 돌아옵니다.

6.2 취약한 아이 양식 보살피기

> 🎁 **사례 예시**
>
> 2.1절의 다니엘을 기억해 보자. 다니엘은 게시판에 걸려 넘어진 끔찍한 회의를 끝마친 후, 귀갓길에서 자신의 감정을 되돌아 보았다. 다니엘은 자신의 강렬한 수치심과 무력감이 이전에 자신이 학교에서 겪었던 일들과 어느 정도 관련이 있지 않을지 이미 짐작하고 있다. 집에 도착했을 때, 다니엘은 창고에서 학창 시절 물건이 가득 든 상자 하나를 꺼내 왔고, 그 속에서 자신을 끔찍하게 놀려 댄 선생님이 찍힌 학급 사진 한 장을 발견했다. 사진 속 작은 다니엘은 꽤 불행해 보인다. 다니엘은 "어린 다니엘"이 학교에서 힘든 시간을 보냈기 때문에 강렬한 슬픔과 분노를 느낀다. 상상 속에서 다니엘은 어른인 채로 학교로 돌아간다. 학교에서 발견한 어린 다니엘을 안아주고 진정시킨다. 이런 경험은 그를 슬프게 만들지만, 안도감을 주고 애정과 안전함을 느끼게 하기도 했다.

감정을 받아들이고 이해하기 너그러운 마음으로 취약한 아이의 감정을 수용하고 감내할 수 있어야 취약한 아이 양식을 제대로 보살필 수 있다. 당신의 취약한 아이 양식이 무엇을 필요로 하고 있는지 탐색해 보라.

훈련 6.3
취약한 아이 양식이 나타났을 때 당신은 무엇을 할까?

당신의 취약한 아이 양식이 촉발되었을 때, 일단 눈을 감고 자신이 정말로 무엇을 원하는지 느끼려 해보세요. 지금 현재 당신의 어떤 욕구들이 충족되지 않았나요? 떠오르는 어린 시절의 기억이 있나요? 아이였을 때보다 지금 더 이 욕구들을 잘 보살필 수 있나요?

취약한 아이 양식 치유하기 다니엘의 사례는 당신이 어떻게 심상이나 상징을 통해 취약한 아이 양식을 치유하거나 위로할 수 있는지 보여준다. 자신의 취약한 아이 양식이 활성화되는 것을 느낄 때마다, 다니엘은 자신이 어린 다니엘을 위로하는 모습을 상상한다. 이런 심상뿐만 아니라 상징이나 몸짓, 구호들도 당신의 취약한 아이 양식을 안정시킬 수 있다. 어른이 된 자신이 "어린 자신"을 위로하는 심상을 떠올린다면 큰 도움이 될 것이다.

심상 훈련을 통해 당신은 "어른 자신"이나 다른 좋은 보호자가 "어린 자신"을 보살피는 치유적인 심상을 발견할 수 있다. 이런 심상에서의 유일한 규칙은 "어린 자신"의 욕구가 충족되어야 한다는 것이다.

상징, 이미지, 음악 등은 당신의 취약한 아이 양식에게 더 나은 보살핌을 제공하고, 일상에서 내면의 아이를 상기시키는 데 도움이 될 수 있다. 더욱이 지금 현재 당신의 애착, 안정, 즐거움에 대한 욕구를 충족시키는 것은 당연히 중

그림 6.1 건강한 어른 – 행복한 아이

요하다. 마지막으로 당신의 취약한 아이 양식은 오늘날 당신의 욕구가 충족되고 사랑 받는다고 느낄 때 비로소 진정으로 치유될 수 있다.

당신의 취약한 아이 양식과 어느 정도 친밀해지는 데에 성공했다면, 아이에게 편지를 써 보는 것도 좋은 훈련이 될 것이다. 편지를 시작하는 일은 쉽지 않을지도 모른다. 그 나이 때에 자신에게 무엇이 부족했는지 생각해 보고 아

🎁 사례 예시: 소속감에 대한 심상 만들기

키아라의 동기들은 토요일 저녁에 파티를 열기로 했다. 그들은 이메일을 통해 키아라를 포함한 모든 사람들을 초대했지만, 키아라에게 사적으로 와 달라고 하지는 않았다. 토요일 밤에 키아라는 혼자 집에 틀어박혀서 스스로를 불만족스럽게 여기며 불행감을 느낄 수도 있다.

자신의 감정과 욕구를 알아차리기 위해 키아라는 심상 훈련을 시작한다. 현재의 감정에서 시작해서, 8살 때쯤의 과거로 여행을 떠난다. 키아라는 막 새로운 동네로 이사 왔기에 학교에서 아는 친구가 한 명도 없었다. 학교가 끝난 후, 다른 아이들은 운동장에서 줄넘기를 하면서 노는데 키아라에게는 그들에게 다가갈 용기가 없었다. 결국 키아라는 외로움에 빠져 울면서 집으로 돌아갈 수밖에 없었다. 이제 키아라는 "어른 키아라"가 운동장으로 가서 "어린 키아라"의 손을 잡는 상상을 한다. "어른 키아라"는 "어린 키아라"에게 힘을 북돋아주고 모든 것이 괜찮을 거라는 확신을 심어 준다. 그렇게 둘은 다른 아이들에게로 다가간다. "어른 키아라"의 도움을 받은 "어린 키아라"는 이제 다른 아이들에게 함께 놀아도 되겠느냐고 물어볼 수 있을 정도의 용기를 얻었다. 다른 아이들은 "어린 키아라"를 놀이에 끼워주기로 하고, "어른 키아라"는 옆에 앉아 아이들이 노는 모습을 지켜본다. "어른 키아라"의 존재는 "어린 키아라"에게 모든 것이 괜찮다는 확신을 심어 주고 안전하다고 느끼게 한다. 키아라가 안전함과 소속감을 느끼면서 이 훈련을 마친 후에는, 이 심상에 대한 그림 한 장을 그리기로 한다. 이후 키아라는 외로워지거나 취약해질 때마다 그 그림에 대해 생각한다. 그러면 키아라는 미소 지을 수 있고, 다른 사람들과 교류할 용기도 얻게 된다. 게다가 사적으로 초대를 받았든, 받지 않았든 다음 파티에 갈 용기도 생겼다. 다른 사람들도 다들 이메

> 일 한 통씩만 받았을 텐데, 거절할 이유는 없지 않을까? 다음 파티에 참석하는 순간, 키이라는 다른 사람들과 연결된 것 같은 기분을 느끼게 된다.

이에게 하고 싶은 말을 허심탄회하게 털어놓아 보자. 오늘날 당신이 "내면 아이"를 위해 무엇을 할 수 있는지에 대해서도 생각해보자.

자신을 더 잘 돌보기 자신의 취약한 아이를 더 잘 돌보는 것은 자기연민과도 긴밀하게 연결되어 있다. 만약 당신이 자기연민을 느낀다면, 자신을 애정을 담아 바라보고 부족한 욕구를 충족시키기 위해 최선을 다한다. 8장과 11장에는 자기연민을 더 잘 할 수 있는 훈련들이 소개되어 있다.

> 🎁 **사례 예시: "어린 매디"에게 쓴 매디슨의 편지**
>
> 친애하는 어린 매디에게,
> 학교에서 정말 힘든 시간을 보냈구나. 너를 응원하고 보호하기 위해 시간 여행이라도 할 수 있으면 좋을 텐데. 하지만 한편으로는, 나는 네가 왜 너를 위해 당당하게 목소리를 내지 못했는지 알 것 같아. 나조차 지금도 어떤 일이 잘못되었을 때 한 마디도 못 할 때가 있는 걸. 원하는 걸 주장하는 게 우리에게 왜 이렇게 힘든지 몰라. 나는 네가 아주 소중하고, 너를 돌보는 법을 배우고 있다는 걸 알았으면 좋겠어..

여기에 자기연민을 강화하기 위한 질문이 몇 가지 있다.

- 나는 왜 지금 슬프거나 상처 받은 느낌이 들까?
- 지금 내게 필요한 것이 무엇일까?
- (아이 양식이 평소보다 자주 나타날 때) 현재 나의 삶 속에서 무엇이 문제가 되고 있는가? 대인관계의 문제인가 또는 할 일이 너무 많거나 이사를 준비 중인가? 또는 상실을 경험했는가? 무엇이 나를 위로하고 나의 욕구의 균형을 잡는데 도움이 될까?
- 취약한 아이 양식은 슬픔이나 외로움 등의 특정 감정들과 함께 온다. 예

를 들어, 슬픔 대신 기쁨을, 또는 외로움 대신 소속감을 느끼는 것처럼 반대된 감정을 경험하려면 나는 무엇이 필요한가?

역기능적 부모 양식 주의하기 때때로 당신은 취약한 아이 양식과 처벌하는 또는 죄책감 유발 부모 양식이 긴밀하게 연관되어 있음을 알아차릴 수 있을 것이다. 당신이 약하다고 느낄 때, 부끄럽고 외로울 때, 당신은 스스로의 취약함을 탓하고 꾸짖을지도 모른다(=처벌하는 부모 양식). 이런 역기능적 부모 양식이 지나치게 영향을 미치지 않도록 언제나 주의하자. 9장에서는 죄책감 유발 부모 양식과 처벌하는 부모 양식에 대처하는 전략을 배우게 될 것이다.

> 🎁 **사례 예시: 매디슨- 욕구를 충족하는 방법을 배우기**
>
> 까다로운 학급과의 어려운 하루를 마친 후, 매디슨은 학생들로부터 거절 당하는 것이 자신이 학창 시절에 당했던 따돌림을 연상시킨다는 점을 깨달았다. 매디슨은 고립감과 외로움을 느꼈다. 매디슨은 무엇을 하면 이 감정들을 누그러뜨릴 수 있을지 고민해 보았고, 까다로운 학급을 다루는 일에 대한 고민을 나눌 수 있는 동료 한 명을 떠올렸다.
> 매디는 이 동료가 자신처럼 힘든 어린 시절을 보냈다는 것을 알고 있다. 그래서 매디는 일단 전화를 걸어 짧은 수다를 떨고, 다음날 커피를 마시기로 약속을 잡았다. 사실 자신의 부정적인 경험을 털어놓는 것보다도 동료와 안전하고 친밀한 시간을 보내는 것이 매디에게는 더 나은 "마음의 약"이 된다.

이런 내면의 목소리에 맞서 싸우는 것은 매우 중요하다. 이런 목소리들은 결코 당신의 기분을 나아지게 하지 못한다. 당신 내면의 아이가 행복하게 성장하기 위해서는 지지와 위로가 필요하다.

> 🎁 **사례 예시**
>
> 게시판에 걸려 넘어진 이후 다니엘은 화장실로 도망쳤다. 부끄러움과 열등감은 점차 진정되었지만, 그 자리에 아주 오래되고 익숙한 생각들이 떠오르

> 고 있음을 알아차린다. "다니엘, 저 놈은 항상 그렇지 뭐. 그런 우스꽝스러운 모습을 보이다니. 한 순간이라도 집중을 좀 하지. 게다가 방에서 도망쳐 나오기까지 했잖아. 선생 답지 못한 행동으로 다 망쳐 버렸어. 왜 이렇게 침착하지 못한 거야? 이 패배자야"

9장에서는 처벌하는 목소리들을 약화시키는 전략들을 소개할 것이다. 처벌하는 부모에 맞서는 것은 당신 내면의 아이를 지지하는 데에 도움이 된다. 만약 당신이 특히 심상 훈련을 통해 내면의 아이를 보살필 수 있다면, 당신의 기분은 훨씬 나아질 것이다.

7

성난, 충동적인 아이 양식 통제하기

성난, 울화통 터진, 반항적인, 충동적인, 훈육안된 아이 양식을 통제하는 법을 배우고 싶은가? 이 작업에서는 두 가지가 중요하다. 첫째, 이 양식들과 관련된 욕구를 찾아내야 한다. 둘째, 이 욕구들을 표현하고 충족시키는 좀 더 건강한 방법을 찾아야 한다.

이 양식들은 어린 시절로부터 비롯된다. 이런 양식들의 발달로 다양한 사고 방식들이 형성될 수 있다. 가족과 친척들, 선생님, 학교 친구들에게 부당한 대우를 받았을 수도 있다. 그렇게 되면, 당신의 성난 아이 양식은 오늘날에도 부당한 대우를 받거나 학대당했을 때 활성화될 수 있다. 이런 경우 당신의 분노는 흔히 슬픔이나 외로움 같은 취약한 아이 양식의 감정들과 동반된다. 이러한 감정들 뒤에 숨어있는 욕구는 진지하게 받아들여져야 한다. 다만 그 욕구들을 더 건전하게 표현하는 방법을 찾아야 할 뿐이다. 성난 아이 양식을 통해 이런 욕구들을 폭발시키기 전에 알아차리는 것이 중요하다.

충동적이고 훈육안된 아이 양식은 아이가 버릇이 없고 훈육을 받아들이는 법을 배우지 않았을 때 발달된다는 점을 염두에 두자. 아이가 반항하고 고집을 부릴 때, 부모나 보호자가 원하는 것을 모두 받아주었을 수도 있다. 어떤 면에서 이런 행동은 방치라고 볼 수도 있는데, 아이들에게는 제한이 필요하고, 이런 제한을 설정하는 것은 부모의 의무이기 때문이다. 그러므로 이런 경우에 이러한 제한들을 받아들이고 보다 적절한 기준에 따라 행동하는 것이 중요하다. 아이든 어른이든 모든 욕구가 충족될 수는 없다.

🎁 사례 예시

1. **충동적인 아이 양식** 당신은 이미 2.2절에서 강한 충동적인 아이 양식을 가진 22세 학생인 수지와 만나 보았다. 수지는 술을 엄청나게 마셔 대고 파티를 지나치게 좋아하는 등 무모하다. 피임 없는 성관계 등 위험한 상황에 처하기도 하고, 자신의 행동에 제한을 두지 않기 때문에 학업에도 뒤쳐지고 있다.

   수지의 할머니가 문제의 근원이다. 할머니는 수지의 엄마를 훈육하지 않았던 것처럼 수지도 훈육하지 않았다. 수지의 어머니는 아이에 대한 자신의 책임을 조금도 지지 않은 채, 모든 책임을 자신의 어머니인 수지의 할머니에게 맡겼다. 그 결과로 수지는 한 번도 자신을 통제하거나 제한을 받아들이는 법을 배운 적이 없다. 수지는 언제나 즉각적인 욕망에 따라 움직인다.

   파티로 가득한 삶이 그리 행복하지도 않고 학업도 따라가지 못한다는 것을 깨달은 수지는 심리상담사를 찾아왔다. 상담사는 욕구를 충족하고 삶을 즐기는 건 중요하지만, 주어진 일을 다 하고 책임을 지는 일도 그만큼 중요하다고 가르친다. 규칙과 재미 사이에 균형을 잡는 것도 중요하다. 수지는 규칙을 지키고 제한을 받아들이는 법을 배워야 한다. 이것은 수지가 자신의 즉각적인 욕망을 통제해서 보다 장기적인 계획을 성취해야 함을 뜻한다. 물론 이 과정에는 시간이 걸리고 때때로 짜증이 나겠지만 크게 보면 큰 도움이 될 것이다.

2. **성난 아이 양식** 당신은 이미 2.2절에서 41세의 소프트웨어 공학자 매튜를 만나 보았다. 매튜는 비판을 받거나 부당한 대우를 받았을 때 쉽게 화를 터뜨린다. 매튜는 매사에 최선을 다하기 위해 노력한다. 매튜의 분노 뒤에는 인정받고 받아들여지고 싶은 욕구가 있으며, 이런 욕구를 충족시키기 위해 오랜 시간 동안 높은 강도로 일을 하고, 완벽을 추구한다.

   매튜는 그렇게 완벽을 추구할 필요가 없고, 사소한 비판을 감정적인 재앙으로 받아들일 필요가 없음을 배워야 한다. 이 사실을 받아들이게 된다면, 비판에 그렇게 크게 분노하지 않게 될 것이다. 다른 사람들에게 제한을 두는 법도 배워야 한다. 이 모든 것을 다룰 수 있을 때, 매튜는 언제나 자신이 완벽하지 않더라도 다른 사람들이 자신을 좋아한다는 사실을 이해하게 될 것이다.

7.1 성난, 충동적인 아이 양식과 친해지기

가장 처음으로 할 일은 언제 성난 또는 충동적인 아이 양식이 나타나는지 분석하는 것이다. 취약한 감정과 함께 오는가? 그렇다면 그것은 취약한 아이 양식을 따라 "이차적"으로 나타나고 있을 가능성이 크다. 반면 취약한 감정이 그렇게 크지 않다면, 분노와 짜증은 "일차적인" 감정이 될 것이다. 2.2절에서 소개된 작업지 3, "나의 성난/충동적인 아이 양식"을 참고하자. 이 양식과 만나는 좋은 방법들 중 하나는 성난 또는 충동적인 아이 양식이 나타날 때의 상황을 상상해보는 것이다.

훈련 7.1

눈을 감고, 호흡에 집중하고, 몸을 이완시키세요.

성난, 또는 충동적인 아이 양식이 활성화 되었을 때의 상황으로 돌아가 보세요. 당신이 이 상황으로 다시 돌아갔다고 상상해 보세요. 자신의 감정을 탐색해봅시다. 분노나 격노를 느낄 수 있나요? 아니면 자제력이 없고 좌절감을 느낄 뿐인가요? 감정이 얼마나 강렬하게 느껴지나요? 슬픔, 외로움, 거절도 느껴지나요? 부당하거나 제대로 대접받지 못한 것 같나요? 그렇다면 누가 그랬나요? 그 사람이 다른 사람들에게도 그렇게 행동한다면 불공평한 일일까요?

만약 슬픔과 취약함이 느껴지거나 부당하게 대우받은 것 같다면, 취약한 아이 양식이 연관되었을 가능성이 있습니다. 훈련 6.2도 도움을 줄 수 있습니다.

만약 취약한 아이 양식이 중요한 역할을 수행하고 있는 것 같다면 당신은 그 양식을 잘 보살펴야 한다. 취약한 아이 양식과 성난 아이 양식을 모두 갖고 있는 사람들은 자주 자신의 취약한 아이 양식이 필요로 하는 욕구가 충족되었을 때 분노가 씻은 듯 사라지는 경험을 한다. 어떤 경우에는 분노를 별개의 문제로 다룰 필요조차 없다. 그저 취약한 아이 양식을 치유하는 훈련들로 돌아가면 된다(훈련 6.2). 심지어 성난 아이 양식은 도움이 될 수도 있는데, 이는 자신의 욕구를 방치하지 않도록 상기시켜 주며, 게다가 어떤 상황들이 취약한 아이 양식에 특별히 어려운지 배울 수도 있기 때문이다.

성난 아이 양식이 가장 앞서 있을 때, 또는 분노가 위험한 수준까지 치솟아 있을 때, 훈련 7.2가 도움을 줄 수 있다. 하지만 성난 아이 양식과 충동적인 아이 양식의 욕구는 적어도 어느 정도는 정당화될 수 있다는 점을 기억해 두어야 한다. 중요한 것은 감정의 강도와 표현되는 방식이다.

7.2 성난 아이 양식과 충동적인 아이 양식에 한계 설정하기

당신에게도 훈육되지 않고, 충동적이고, 반항적이고, 또는 성난 방식이 존재하는가? 만일 그렇다고 답한다면, 얼마나 심각한지에 따라서 이들을 통제하는 것은 물론 중요하다. 그리고 쾌락의 추구와 좌절감의 자발적 표현은 근본적으로 정상이라는 점을 잊지 말자. 이들을 과장되게 표현하는 경향이 있을 때에만 조절이 필요한 것이다.

당신의 반응이 과장되어 있는지 아닌지를 알아보고 싶다면, 타인들에게 미치는 반응을 살펴보자. 예를 들면, 친구들이 당신의 태도가 불쾌하고 반항적이라고 말한 적이 있는지 생각해보는 것이다. 또는 자기중심적인 행동을 반복적으로 지적당한 적 있는가? 만일 그렇다면, 이런 방식들을 조절하기 위해 노력해보는 것이 좋다. 스스로에게 솔직해지고, 사람들이 이기적으로 또는 반항적으로 문제를 일으키는 것은 흔한 일은 아니라는 점을 기억하자. 많은 사람들은 이기적이거나 훈육되지 않은 사람들을 피해 다닌다. 그들에게 맞서는 수고를 감수하고 싶어하지 않기 때문이다. 그러므로 이 문제를 다룰 때에는 당신에게 중요한 사람들이 어떻게 반응했는지가 중요하다. 우리의 가정은 이렇다. 만약 두 사람 이상이 당신에게 비슷한 부정적 피드백을 주었다면, 그것은 사실일 가능성이 크다. 물론 모든 부정적 피드백을 고려하라는 것은 아니다. 특정한 상황의 결과이거나 당신의 성격과는 전혀 관계가 없을지도 모르기 때문이다. 그럼에도 불구하고 정말로 적절한 지적이었다면 심각하게 고려해보는 편이 좋다.

훈련 7.2
전기적인 기원

당신의 훈육안된, 성난, 충동적인 아이 양식이 어떻게 발달되었는지 알아내는 것이 중요하다는 사실은 이전 장들에서 이미 접해 익숙해졌을 것이다. 다음 양상들은 아주 흔하다.

취약한 아이 양식과의 결합 성난 또는 충동적인 아이 양식은 당신이 몹시 상처받고 거절당했을 때 "이차적인" 양식으로 나타날 수 있다.

불충분한 자율성 반항적 또는 성난 아이 양식이 강한 사람들은 자주 자신의 가장 중요한 애착 형성 대상(대개의 경우 부모)이 자신에게 충분한 자율성을 허락하지 않았다고 설명한다. 예를 들면 청소년기 아들에게 옷을 골라주는 어머니, 아이의 친구 관계에 간섭하는 부모, 또는 친구나 가족이 있는 자리에서 아이를 비하하고 헐뜯는 발언을 하는 행동 등이 있다. 성장기에 자율성을 부정당한 경험이나 부당한 대우를 받은 기억이 있다면, 이것이 반항적 행동 방식을 유발한다는 것도 알고 있을 것이고, 가끔 이런 방식이 고착화되는 경우가 있다는 사실도 알고 있을 것이다. 이런 반응들은 심지어 이후의 삶에서 실질적으로 자신의 자율성을 침해하거나 자신을 비하할 사람이 없을 때에도 나타날 수 있다.

성난 또는 충동적인 행동을 위한 역할 모델 문제 행동들을 관찰 학습하는 것은 역할 모델을 통한 사회적 학습에 속한다. 예를 들면, 만약 당신의 아버지가 충동적, 공격적이거나 또는 결과에 개의치 않고 욕구를 표현하는 인물이었다면, 당신은 불가피하게 그것이 정상적인 행동이라고 받아들였을 것이다. 성인이 되어서도 그렇게 행동하는 게 이상하지 않다. 더 나은 방법을 배운 적이 없기 때문이다.

아동기 훈육의 부족 때때로 부모들은 아이들에게 적절한 훈육을 하는 데에 실패한다. 그들이 아이들에게 모든 것을 주고 싶어하기 때문일 수도 있고, 아이들과의 갈등을 피하고 싶었기 때문일 수도 있다. 그들은 "쉬운 방식"을 선호한다. 불행하게도 그들은 아이들에게 제한이 필요하고 훈육되지 않으면 안 된다는 점을 간과한다. 아이들이 규제를 배우는 법은 중요하고, 적어도 상식적인 선으로 자신의 욕구를 절제하는 법을 배워야 한다. 건강한 어른들이 그들의 한계를 받아들이는 것도 중요하다. 당신은 아이로서 엄격하게 자라지 않았을지도 모른다. 하지만 이제는 미루어 두었던 한계를 설정하는 작업을 시작해야만 한다.

7.2.1 목표와 욕구

잠시 시간을 들여 당신이 삶에서 무엇을 성취하고 싶은지 그리고 성난 또는 충동적인 아이 양식이 당신의 정진을 어떻게 방해하고 있는지 생각해 보자. 성난 또는 충동적인 아이 양식이 주는 장점과 단점의 목록을 만들어 보자. 작업지 4, "나의 성난/충동적인 아이 양식의 장점과 단점"을 참고하면, 이 주제를 더 정확하게 바라보는 데에 도움이 될 것이다. 장점의 목록은 당신이 이 양식을 바꿀 때 직면해야 하는 장애물을 시사한다는 점을 염두에 두자.

🎁 사례 예시: 고집 센 아이 양식의 장점과 단점

우리는 아이처럼 무절제하고 자기중심적이며 비협조적이고 쉽게 주의가 산만해지는 에단(루시의 남자 친구)을 2.2절에서 만나본 적 있다. 여기에 그가 기술한 자신의 행동 방식의 장단점이 나열되어 있다.

반항적인, 고집 센 아이 양식의 장점:
- 나는 귀찮은 일들을 하지 않아도 된다.
- 내가 루시에게 고집을 부리면 내가 옳다고 느껴진다. 루시의 분노와 좌절감은 나에게 와 닿지 않는다. 이렇게 행동하면 좀 더 편해진다.
- 결과적으로 나는 귀찮은 일들과 거리를 둘 수 있다.

이 양식의 단점:
- 나는 중요한 일들을 마무리 짓지 못한다. 때로는 일상 생활을 복잡하게 만들기도 하고, 나 자신이 좌절감을 느낀다.
- 이런 방식은 나의 대인관계에 나쁘다. 사랑스럽고 이해심 많은 루시가 이런 취급을 받아서는 안 된다.
- 나는 유치한 행동들을 하고 자신도 그런 행동들이 마음에 안 든다. 나는 어른이고, 그러기에 어른답게 행동하고 싶다.
- 나는 이런 양식이 업무 수행에 방해된다는 점을 이미 알고 있다. 이런 상태가 지속된다면, 나는 발전하지 못할 것이다. 나의 동료들과 상사들은 나를 진지하게 받아들이지 않고 점차 짜증이 나게 될 것이다.

7.2.2 의자 대화 기법

심리치료에서, 이런 식으로 장단점을 논하는 방식은 소위 "의자 대화 기법"에서 자주 다룬다. 우리는 두 가지 다른 관점을 위해 두 개의 의자를 준비한다.

한 쪽 의자는 성난 아이 양식의 장점을, 다른 의자는 건강한 어른 양식을 대표하여 성난 아이 양식의 단점을 주장한다. 환자는 한 의자에서 하나의 관점을 표현한 후 다른 의자로 옮겨가 그 의견에 반박한다.

그림 7.1 성난 아이 양식

이런 과정을 거친다면, 당신은 내면의 갈등을 더 명료하게 이해하고, 자신의 진짜 목표를 더 잘 설정할 수 있다. 이런 방식은 당신이 화가 나 있을 때에는 효과를 보기가 어려우므로, 화를 가라앉히고 머리가 식을 때까지 기다렸다가 자신의 성난 아이 양식의 관점을 설명해야 한다.

어떤 사람들은 "의자 대화 기법"을 치료 상황 밖에서 혼자 수행하기도 한다. 우스꽝스럽게 느껴지더라도 한번 시도해보기를 바란다. 때때로 당신은 의자 대신에 인형이나 장난감 같은 두 가지 상징물을 사용하는 게 더 쉽다고 느낄지도 모른다.

예를 들어, 원숭이나 악어 같은 인형이 훈육안된 아이 양식을 대표하게 하고, 곰돌이 인형을 건강한 어른 양식을 대표하게 하는 식이다. 이제 당신은 두 가지 인형들이 각자 자신의 의견을 주장하는 작은 인형극을 열어볼 수 있다.

7.2.3 행동을 조정하는 방법을 배우기

성난, 울화통 터진 아이 양식 만일 자신이 성난 또는 울화통 터진 아이 양식을 바꾸고 싶다면, 가장 까다로운 도전은 촉발 상황에서 분노와 격노를 통제하는 것이다. 만약 이것이 어렵다고 생각된다면, 그것은 당연한 것이다. 하지만 불가능하다는 뜻은 아니다. 당신은 한 단계씩, 성난 아이의 반응을 보다 적절하고 건강한 행동으로 바꾸어 나갈 수 있다. 이러한 변화의 기본은 성난 아이 양식과 대면하는 것이다(작업지 3, "나의 성난/충동적인 아이 양식"을 참고하라). 목표는 당신의 성난 아이 양식이 언제 촉발되는지 아는 것이며, 이런 상황들의 중심에 어떤 욕구(자율성이나 인정 등)가 자리하고 있는지 파악하는 것이다.

행동 실험 행동 실험은 어려운 상황을 타개하는 새로운 방법을 시도해 보기에 훌륭한 방법이다. 당신은 이 실험을 고정된 행동 양식을 고치는 도전적인 게임으로 간주하는 것이 중요하다. 행동 실험은 당신이 바꾸고 싶은 상황 하나를 특정한다. 플로렌스의 경우에는 분노의 폭발이나 문을 쾅 닫는 행동

> 🎁 **사례 예시**
>
> 당신은 이미 2.2절에서 플로렌스를 만나 보았다. 플로렌스의 성난 아이 양식은 자신이 착취당하거나 무시당했을 때 나타난다. 플로렌스는 성난 아이 양식이 활성화되는 상황들과 이와 연관된 욕구들을 목록으로 만들어 정리해 보았다.
>
> | 나의 성난 아이 양식이 언제 촉발되는가? | 이 상황에서 나의 어떤 욕구가 충족되지 않았는가? |
> |---|---|
> | 집에 와서 보니 아이들이 옷을 옷걸이에 걸어놓지 않고 복도에 던져둔 것을 발견했다.
나의 반응: 나는 문을 쾅 닫고 큰 분노를 느끼며 옷들을 옷걸이에 건다. | 나는 아이들이 나를 착취한다고 느낀다. 아이들이 나를 돕고 부담을 덜도록 사소한 일들을 해 주었으면 한다. |
> | 내가 수영장에 가는 것을 너무 피곤해 한다며 아이들이 불평을 한다.
나의 반응: 나는 밤을 새워가며 일을 해야만 했다고 아이들에게 소리를 지르고 울기 시작한다. | 나는 낮에 아이들을 돌보기 위해 밤에 일하는 노고가 전혀 보상 받거나 감사 받지 못한다고 느낀다. 하지만 나의 이러한 노력을 알아줘야 하는 건 아이들의 몫이라기보다는 남편의 몫이다. |
> | 나는 힘든 날을 보내고 와서 남편의 지지가 필요한데도 남편은 친구들과 축구 경기만 보고 있다.
나의 반응: 남편에게 소리를 지르고 꺼지라고 한다. | 나는 지지와 관심이 필요하다. 남편에게 내가 어떤 하루를 보냈는지 말하고 남편이 나를 이해해 주기를 바란다. |
>
> 플로렌스는 자신의 성난 아이 양식을 촉발하는 상황들에 공통점이 있음을 알아차린다. 그것들은 거의 언제나 자신의 가족과 연관되어 있다. 이것은 우리가 "행동 실험"이라고 부르는 작은 실험 하나를 계획하기에 좋은 기반이 된다.

이 되겠다.

행동 실험은 추후에 유사한 상황에 처했을 때, 어떻게 행동할 것인지 사전에 대책을 마련해 보는 것으로 시작된다. 새로운 "실험적인" 행동은 보다 상황을 건강하게 해결하기 위한 건설적인 시도이거나, 재미있고 과장된 반응일 수도 있다.

7.2.4 어떻게 분노를 다스리는 법을 배울 수 있을까?

당신은 이런 상황들을 다룰 수 있는 보다 건강한 방법들을 배워야 할 것이

> 🎁 **사례 예시**
>
> 행동 실험을 위해 상황 하나를 고르는 일은 플로렌스에게 어렵지 않다. 플로렌스는 자신이 아이들에게 착취당하고 무시당한다고 느껴지는 상황에 자주 직면하기 때문이다. 다음 날 현관에 도착했을 때, 플로렌스는 이미 저 너머에서 어떤 난장판이 자신을 기다리고 있을지 알고 있다. 그리고 예상했던 대로 아이들의 외투는 바닥에 내동댕이쳐져 있다. 플로렌스는 숨을 크게 들이마시고, 자신의 외투를 옷 더미 위에 툭 하고 던진다. 가장 어린 딸이 엄마를 마중하기 위해 복도로 뛰쳐나왔다가 이 충격적인 장면을 목격하고 몇 초 후 엄마와 딸은 웃음이 빵 터져버린다.

다. 다음 제안들이 도움이 될 수 있다. 목표는 당신의 반응과 행동을 통제할 수 있는 힘을 기르는 것이다.

초기 신호 관찰하기 당신이 자신을 가장 잘 아는 사람이다. 성난 아이 양식이 나타나려고 할 때, 초기 경고 신호는 무엇인가? 이 반응들은 몹시 구체적이고 개인적이다. 어깨에 힘이 들어가는 등의 신체 반응일 수도 있고, "다 필요 없어"라거나 "너는 내 생각은 쥐뿔도 안 해"와 같은 생각일 수도 있다. 만약 이런 반응들을 빠르게 감지할 수 있다면, 분노를 터뜨리는 대신 평정을 유지할 수 있을지 모른다. 그런 후에는 더 건강한 방식으로 왜 자신이 불만을 느끼고 있는지 표현할 수 있게 되고, 그것은 당신 자신과 주변 사람들 모두에게 더 나은 방식일 것이다. 자신의 분노 표현을 오래 미뤄 두지 말자!

단계적으로 분노 표현하기 일단 차분하게 자신의 분노를 표현하는 것으로 시작하자. 상대방이 아직도 당신의 말에 관심이 없다면, 그때는 분노를 조금 더 드러내도 된다. 분노를 단계적으로 표현하는 법을 익히는 것이다.

잠시 멈추기 때로는 성난 아이가 활동하려고 할 때, 잠시 멈추는 것이 최선일 수도 있다. 회의 중 일어나서 창문을 열고 숨을 크게 들이마시자. 또는 앞에 있는 사람의 눈썹 모양이나 귀 모양에 주의를 기울여보자. 이런 짧은 멈춤은 당신이 현재 이 상황에서 정말로 이루고 싶은 것이 무엇인지, 당신의 욕구가 무엇인지에 집중하게 해준다.

평온의 상징 사용하기 많은 사람들은 상징적인 물건(주머니에 넣을 수 있는 매끈한 돌)이나 사진(하늘을 반사시키는 맑은 호수) 또는 안정을 취할 때 듣는 특정 음악으로부터 도움을 받는다. "일촉즉발의 상황"에 처할 때마다 주머니 속에 넣어 둔 평온의 상징을 잡거나, 사진을 보거나, 머릿속에서 음악을 재생하면 마음을 다스리는 데에 효과적이다.

심상 속에서 대안적 행동 연습하기 "정신적 훈련"에 대해서는 이미 들어 보았을 것이다. 심상 훈련은 이와 같은 방식을 사용한다. 성난 아이 양식을 일깨우는 상황을 상상한 후에 다른 어떤 행동들을 취할 수 있는지 구체적으로 상상해보는 것이다. 위의 예시에서 언급된 플로렌스는 적절한 대안적 행동을 선택했다.

"고집스러운" 훈육안된 아이 양식 뚜렷한 목표를 세우기 위한 준비 과정으로 이 양식이 주는 장·단점을 충분히 이해하는 것이 중요하다. 구체적인 계획이 도움이 될 것이다. 이 양식은 당신 삶의 다양한 영역에 영향을 미친다는 점을 명심하고, 처음에는 이 양식의 영향권 중 어느 삶의 영역을 먼저 제한해볼 것인지 따져 보는 것으로 시작하자. 이 양식을 지속 가능한 방식으로 바꾸기 위해서는 시간이 필요할 것이다.

훈련 7.3
분노를 제한하기 위한 심상 훈련

당신이 분노로 반응할 만한 상황 하나를 상상해 봅니다. 평소처럼 감정을 느끼려고 해 보세요. 편안하고 방해 받지 않는 환경을 만들어야 합니다.

무엇이 당신을 덜 화나게 만들 수 있을지 생각해보고, 그것이 당신 마음 속의 상황을 어떻게 변화시켜가는지 지켜보세요. 어떤 사람으로부터 확신이 필요한 상황일 수도 있습니다. 모든 사람들이 당신을 제한하거나 거부하고 있지는 않다고 말해주는 사람이요. 또는 좋은 친구가 당신 곁에 서서 어깨동무를 해 주는 상상을 할 수도 있습니다.

강렬한 분노를 표현하지 않고 상황이 어떻게 지속되는지 계속해서 상상해봅니다. 당신이 무엇을 원하고 있는지, 상대방이 어떤 선을 넘었는지, 당신이 어떤 방식으로 침해 당했는지 등을 표현하면서도 당신은 침착하고, 명확하고 계산된 어조로 대화를 이어 나갑니다.

"고집스러운" 또는 버릇 없는 아이 양식에 한계를 설정하고 싶은 특정 상황들을 나열해보자. 어쩌면 당신은 자신의 상대에게 덜 고집스럽게 행동하고 싶을지도 모른다. 어쩌면 당신은 지난 몇 년간 운동을 시작하고 싶었지만 훈육 안된 아이가 말을 듣지 않는 바람에 계속해서 실패해왔을 수도 있다. 가장 먼저 바꾸고 싶은 영역이 무엇인가?

자신에게 솔직해지고 현실적인 태도를 유지하려 노력해보자. 구체적인 계획을 실행에 옮기는 게 얼마나 힘들까? 예를 들면, 상대방이 매일 아침 식탁을 혼자 치우지 않게 하는 등 어떤 단계는 비교적 쉬울 수도 있다. 그러나 평생 채소를 싫어하고 운동이라고는 차까지 걸어가는 것밖에 하지 않는 당신이 건강한 식단을 관리하고 운동 루틴을 짜는 등의 계획을 하는 것과 같은 일을 하는 것은 더욱 어려울 수 있다.

당신 삶의 변화를 어떻게 적용할지에 대한 현실적인 계획을 세우는 것이 관건이다. 그리고 한 단계씩 성공할 때마다 스스로에게 보상을 주는 것도 잊지 말아야 한다. 역기능적 방식을 실제로 바꾸는 데에 성공했을 때마다 당신은 당연히 보상을 받아야 한다. 그것은 정말 굉장한 성취이기 때문이다. 그러니 목표 하나를 달성할 때마다 스스로에게 어떤 상을 줄지 미리 계획해 두자.

🎁 사례 예시

에단은 최근에 여자친구와 심한 말다툼을 했다. 그래서 이제부터 더 절제되고 덜 고집스러운 사람이 되기로 했다. 하지만 이런 목적은 아무것도 바꿀 수 없다. 에단에게는 보다 구체적인 계획이 필요하다.
에단은 일주일에 두 가지 일을 하기로 한다. 이 두 가지 일은 언제나 여자친구가 대신 해줄 때까지 미루어 왔던 일들이다. 그는 이 계획을 제법 성실하게 지키고 있고, 여자친구도 이런 변화에 기뻐한다. 하지만 두 사람 모두 이런 변화는 시작에 불과하며, 에단에게는 갈 길이 멀다는 것도 알고 있다.

그렇다고 자신에게 너무 가혹하게 굴지는 말라! 스스로가 훈육 안되거나 고집스럽다는 점을 받아들인 것만으로도 큰 진전이다. 이런 통찰은 존경할 만하다. 변화가 하루아침에 이루어지지는 않을 것이고, 안 좋은 습관들 중 몇몇은 계속해서 가지고 살아가게 될 테지만, 부디 이런 습관들이 당신의 사랑하는 사람들에게 큰 상처가 되는 것은 아니길 바란다. 그리고 양식들은 연합해서 함께 작동한다는 사실을 잊지 말자. 때때로 당신은 취약한 아이 양식이나 역기능적 대처 양식 등 다른 양식들을 우선적으로 신경 써야 할 때도 있을 것이다. 자신의 양식들을 더 관찰하고 이해할수록 당신은 우선순위를 더 잘 정하게 될 수 있을 것이다.

8

행복한 아이 양식 강화하기

당신의 행복한 아이 양식이 억압되어 있었거나 삶에서 큰 비중을 차지하지 못했을 때, 이 양식과 친해지려면 천천히 다가가는 것이 특히 중요하다. 대부분의 경우, 단순히 즐거운 놀이 몇 가지를 처방하는 정도("카드 게임 몇 판만 하면, 모든 게 괜찮아질 거야.")는 아마 효과를 보지 못할 것이다.

그리 간단하지가 않다. 많은 사람들이 어떻게 그리고 누구와 함께 즐거움을 추구해야 하는지 모른다. 게다가 처벌하는 부모 양식이 허락하지 않을 것이기 때문에 어차피 그렇게 재미있지도 않을 것이라는 생각에 두려울 수도 있다. 그럼에도 불구하고 자신의 행복한 아이 양식을 강화시키기 위해 할 수 있는 작업이 많다. 심지어 그런 사람들은 이 양식의 도움이 특히 더 많이 필요할 것이다. 물론 쉬운 일이 아닐 테고, 시간도 많이 걸리겠지만 말이다.

8.1 행복한 아이 양식과 친해지기

어떤 아이 양식을 상대하고 있느냐와 무관하게 심상 훈련은 언제나 "내면의 아이"와 접촉하기에 효과적인 방법이다. 이런 활동들은 당신이 자신의 행복한 아이와 친해질 수 있도록 도와줄 것이다.

심상 훈련에서 행복한 기억을 불러낸 후에 행복한 아이 양식을 위한 활동을 찾는 게 더 쉽다는 것을 알아차렸을지 모르겠다. 반면 자신이 가장 힘든 시간을 보낼 때, 누군가 당신에게 "무엇이 당신을 가장 행복하게 만드나요? 무얼

해야 즐거워질까요?"라는 질문을 한다면, 당신은 상대방이 자신을 오해하고 있다고 생각하거나 아무런 답도 하지 못할 가능성이 크다. 행복한 기억을 떠올린 후에야 이런 질문들에 대한 답을 더 잘할 수 있다.

심리학에서 이런 현상을 "정서적 다리"라고 부른다. 행복했던 날들을 떠올릴 때, 그런 기억들과 유사한 감정을 유발하는 현재의 상황들 사이에 정서적 "다리"를 놓기 위해 노력해보라. 정서적 다리는 다른 사람들에게서도 관찰할 수 있고, 당신을 포함한 모든 사람들에게 효과가 있다.

훈련 8.1
내면의 행복한 아이와 만나기

편안하게 눈을 감습니다. 몸에 힘을 빼고 호흡에 집중하세요.

행복했던 날들을 떠올려 봅니다. 아동기 기억일 수도 있어요. 눈 내리는 크리스마스, 가장 좋아하는 이모와 보낸 휴가, 또는 다른 특별한 행복한 날들이요. 또는 보다 최근의 일들을 떠올리고 싶을 수도 있습니다. 친구들이나 가족과 함께한 여행, 축하 파티, 호수에서 수영했던 기억 등. 심상을 불러내는 것은 심상과 연관된 개인적인 감정들도 함께 불러냅니다.

당신의 모든 감각을 동원해 그 순간을 다시 체험해보는 것이 매우 중요합니다. 크리스마스에 대해 생각한다면 양초들의 따뜻한 향과 코코아와 과자의 맛도 함께 떠올려 보세요. 호수에서 수영한 날을 떠올린다면 피부에 내리쬐는 햇살과 나무 사이를 지나는 바람 소리를 느껴 보세요. 감각을 동원한 기억은 긍정적인 감정에 접근하는 데에 도움이 됩니다. 그런 감정들은 "지금, 여기에서" 할 수 있는 유사한 활동들이나 아이디어를 더 쉽게 떠올리도록 해줍니다.

다음 단계에서는 당신의 마음이 상상 속을 자유롭게 떠돌도록 하세요. 오늘 당신의 행복한 아이 양식이 하고 싶어하는 활동이 있나요?

> 🎁 **사례 예시**
>
> 1. 리사는 자주 외롭고 슬퍼진다. 리사의 부모님은 매우 엄격한 기독교식 교육으로 리사를 키웠다. 그 결과 리사는 강한 윤리관을 갖고 훈육되어 있으

며, 자신에게 쾌락을 거의 허용하지 않는다. 리사의 상담사는 행복한 아이 양식이 리사의 삶에 더 큰 영향을 미쳐야 한다고 설득하는 데에 성공했고, 그래서 리사는 행복한 어린 시절의 추억들을 회상하기 시작했다. 리사는 지역에서 함께 떠난 여행들에 대해 떠올린다. 호수로 떠난 여행을 떠올릴 때에는 특히 마음이 편안해지고 행복해진다. 모두 함께 보트 위에 올라 자연 풍경을 만끽하고 그 후에는 아이스크림을 먹었다. 바닐라와 레몬 맛 두 종류를 먹었다. 많은 사람들은 이 두 가지 맛이 서로 어울리지 않는다고 생각하지만 리사에게는 마냥 맛있을 뿐이다. 따뜻한 어느 날, 리사는 아이스크림 가게를 지나치다가 충동적으로 아이스크림 두 종류를 주문한다. 바닐라와 레몬 맛이다. 햇빛이 따사로운 곳에 앉아 아이스크림을 먹으니, 어린 시절을 향한 그리움과 함께 평화와 만족감이 찾아온다.

2. 최근에 제시카는 행복한 아이 양식을 키우기 위해 노력하기 시작했다. 제시카는 어떤 상황이 자신의 행복한 아이 양식을 활성화시킬지 자주 고민했고, 자신이 쾌활한 여성 곁에서 굉장히 편안해진다는 사실을 깨달았다. 심상 훈련에서 제시카는 바로 그런 감정을 불러일으키는 쾌활한 이모 루비를 만난다. 과거와 현재 사이의 연결점은 제시카를 웃게 한다.

제시카는 아이의 유치원에서 다른 엄마들과 만나기로 마음먹었다. 벼룩시장을 열고, 여름 파티에서 케이크 뷔페를 준비하는 등의 활동을 그들과 함께한다. 이 활동들에 완전히 푹 빠지지는 않았지만, 다른 엄마들과 함께하는 시간은 제시카를 행복하고 편안하게 만들어 주었다.

8.2 행복한 아이 양식을 강화하기 위한 연습

다음 단계는 행복한 아이 양식을 불러내는 활동들을 시작하고 더 본격적으로 즐기는 것이다. 삶의 다른 모든 요소들이 그런 것처럼 여기에서도 균형이 중요하다. 어른의 책임과 의무를 이행하는 것은 필수적이므로 언제나 행복한 아이 양식으로 살아가는 것을 목표로 삼는 것은 물론 비현실적이다. 우리는 다양한 활동들과 욕구들 사이에서 적절한 균형을 찾았을 때 우리의 삶에 가장 만족한다.

물론 행복한 아이 양식과 연관되는 상황들은 사람마다 다르다. 어떤 사람들은 모형 기차를 가지고 몇 시간이고 놀기를 좋아하는 반면, 다른 사람들은 별로 그럴 마음이 들지 않을 수도 있다. 당신만의 행복한 아이를 불러낼 상황을 찾아 보자. 하지만 지금껏 행복한 아이 양식이 삶에서 큰 비중을 차지하지 않았던 사람들은 행복한 아이를 어떻게 불러내야 하는지 전혀 감이 잡히지 않을지도 모른다. 아래 상자에 몇 가지 제안들을 열거해 두었다. 행복한 아이의 활동에서 중요한 요소는 장난기와 호기심을 자극하는 것이다. 기분전환을 할 겸 새로운 활동 몇 가지를 시도해보자!

 행복한 아이 불러내기

행복한 아이를 불러낼 수 있는 활동들..
- 낙엽 더미 위로 쓰러지기
- 눈치 안 보고 큰 소리로 노래 부르기
- 아이들과 달리기 시합하기
- 배 위에 따뜻한 햇살 쬐기
- 공중제비 돌기
- 빗속을 걷기
- 음악 볼륨 올리기
- 베개 싸움하기
- 다른 사람들에게 미소 짓기
- 어린 동물과 놀기
- 자연의 소리에 귀 기울이기
- 숟가락으로 초콜릿 크림 먹기
- 잔디밭에서 테니스 치기
- 담요로 텐트 만들기
- 과할 정도로 거품을 많이 내어 목욕하기

처음으로 행복한 아이 양식과 만나는 데 성공했다면, 다음에는 더 쉽게 행복한 아이와 만나고 그런 활동들을 더욱 즐길 수 있을 것이다. 이제 당신은 무엇이 당신을 행복하고 즐겁게 만드는지 조금 더 알게 되었을 것이다. 이제 이런 감정들을 일상 생활에 어떻게 스며들게 할지 궁리해 봐야 한다. 다음 요소들이 중요하다.

행복한 아이 양식을 기르는 데에는 시간이 필요하다! 때때로 로지 이모와 10분쯤 통화하는 것만으로 행복한 아이 양식을 단련시키려 한다면 실패할 가능성이 크다. 전화를 걸 때마다 받으리라는 법도 없거니와 10분은 너무나 짧다. 적어도 한 시간은 필요할 것이다.

"천리 길도 한 걸음씩"! 지금까지 행복한 아이 양식을 잘 겪어보지 못했다면, 삶이 하루 아침에 즐거워지리라는 기대는 일단 접어 두자. 당신은 행복한 아이를 돌보고 조심스럽게 보살펴야 한다. 작은 한 걸음을 내디딜 때마다 보상은 돌아올 것이고, 조금씩 걷다 보면 아주 먼 길을 갈 수 있게 될 것임을 기억하자!

그림 8.1 행복한 아이 양식

현실적인 계획을 세우자! 할 일이 많고 스트레스가 많은 사람들은 행복한 아이를 성장시키기 위한 충분한 시간이 없는 경우가 많다. 이런 경우에는 타협점을 찾는 방법을 고려해보자. 2주일에 한 번씩 수영장에 가는 게 전혀 가지 않는 것보다는 낫다.

다른 사람들과 함께하자! 만약 당신에게 직장과 돌봐야 할 가족이 있다면 내면의 행복한 아이를 돌보기 위해 지나치게 긴 시간을 투자하는 것은 균형을 깨뜨리는 일이 될 것이다. 토요일마다 자신만의 세계에 빠져든다면 얼마 지나지 않아 아이들과 싸우게 될 것이 분명하다. 좋은 해결책은 행복한 아이의 활동을 가족과 함께하는 것이다. 그들은 모두 당신의 쉽고 재미있는 활동을 함께 나눌 것이고, 행복한 아이 양식은 다른 이들과 함께 웃을 때 가장 행복해한다.

당신의 기분에 주의를 기울이자! 행복한 아이 양식을 억지로 끌어낼 수는 없다. 행복한 아이를 위해 시간을 비워 두었다 해도 상황에 따라 계획이 방해 받는 때가 있을 수 있다. 직장에서 일어난 일 때문에 화가 머리 끝까지 뻗친 상태라면 갈등을 해결하는 방법을 찾는 등(5장 참고) 건강한 어른 양식과 접촉할 수 있을 만한 활동으로 시작하는 게 좋다. 행복한 아이 양식은 당신의 기분이 조금 나아졌을 때 다시 불러 보자.

이번 장이 당신의 행복한 아이 양식을 발전시키는 데에 어느 정도 도움이 되었으면 좋겠다. 처벌하는 부모 양식 등 역기능적 양식과 겨루어야 할 때에는 특히 행복한 아이 양식과 함께 충분한 시간을 보내는 것을 잊지 말아야 한다.

9

역기능적 부모 양식에 한계 설정하기

3장에서 당신은 역기능적 부모 양식에 대해 많이 읽어 보았고, 그것들이 어떻게 당신을 자기비하로 몰아넣거나 수치스럽게 만들거나 자기혐오에 시달리게 하는지에 대해 읽어 보았다. 이번 장에서는 이런 현상을 바꾸는 방법을 두 가지 단계로 나누어 알아볼 것이다.

첫 번째 단계는 역기능적 부모 양식이 보내는 메시지들의 목록을 만들어 시작하는 것이다. 당신은 내면의 목소리들 중 어떤 것이 가장 당신에게 힘든 시간을 보내게 하는지 구분하고, 그것들이 어디에서 비롯되며 어떤 상황이 그것들을 활성화시키는지 알게 될 것이다.

두 번째 단계에서 당신은 이 목소리들에 한계를 설정하는 법을 배울 것이다. 이를 성취하기 위해서는 건강한 어른 양식과 역기능적 부모 양식 사이에 분명한 선을 긋는 것이 중요하다. 건강한 어른은 스스로에게 도전하는 일을 포함하지만, 이것 역시 좋은 부모가 하는 것처럼 할 것이다. 부모 양식이 역기능적이게 되는 것은 자신이 스스로의 욕구를 돌보지 못하게 하거나 계속해서 한계까지 몰아붙일 때이다. 건강하고 건설적인 자기비판은 긍정적인 행동이지만, 파괴적인 자기비판이나 자기혐오는 감소되어야만 한다.

9.1 역기능적 부모 양식과 만나기

내면의 아이 양식과 만나기 위해 심상 훈련을 활용하는 방식은 이미 소개했다. 하지만 역기능적 부모 양식과 같은 방법으로 만나고자 할 때에는 특별한 주의를 기울여야 한다. 비난 당하고 처벌받고 학대 받는 상황으로 되돌아가는 것은 심각한 부정적인 감정을 불러일으킬 수 있다. 심각한 경우, 불안정해진 정서 상태로부터 회복하기 위해 치료자의 도움이 필요해질 수도 있다. 그러므로 이런 훈련들을 시도해볼 때는 주의를 기울이고, 몰입해서 깊은 심상을 불러내기보다는 그저 이성적인 생각만을 활용하자.

훈련 9.1
역기능적 부모 양식과 만나보기

몸을 최대한 편안하게 이완시키세요. 객관적으로 상황이 그렇지 않았음에도 큰 압박감을 느꼈던 상황을 한 가지 떠올려 보세요. 최근에 강한 거부감을 느끼고, 다른 사람이 나를 좋아하지 않는다는 생각이 들고, 하기 싫은 일을 억지로 해야만 했나요? 부모 양식이 특히 활성화 되었던 때가 있나요?

이제 그 상황을 다시 떠올려 봅시다. 무엇을 해야 한다고 생각했나요? 왜 거절당했다고 느꼈나요? 하고 싶은 대로 행동했다면 어떤 기분이 들었을까요? 패배자나 배신자가 된 것 같았을까요? 죄책감을 느꼈나요? 또는 권리를 위해 싸울 자격이 없다고 느꼈나요? 이런 질문들에 대한 답은 당신의 역기능적 부모 양식을 이해하는 데에 도움이 될 것입니다.

실패한 것만 같은 감정이 두드러졌다면, 강력한 요구하는 부모 양식의 목소리일 가능성이 큽니다. 죄책감이 가장 강하게 느껴졌다면, 죄책감 유발 부모 양식이었을 겁니다. 자기혐오, 수치심, 강렬한 두려움이 느껴졌다면 처벌하는 부모 양식이었을 겁니다.

내면의 부모 양식이 내는 목소리가 어떻게 들리는지 주의를 집중해 보세요. 익숙한 말투를 사용하나요? 많은 경우, 사람들은 이 양식이 자신의 아동기 어디에서 비롯되는지 즉각적으로 알아차립니다. 그들은 이 목소리의 주인을 알고 있습니다. 만일 당신이 이 역기능적 부모의 목소리의 기원을 이해하고 있다면, 이 장에서 나중에 소개할 활동들을 진행하고 목소리들을 조용하게 만들기가 더욱 쉬울 겁니다.

우리는 취약한 아이 양식들을 다룰 때와는 달리, 당신이 처벌하는, 죄책감 유발하는, 요구하는 부모 양식과 맞설 때에는 너무 몰입해서 상상하지 않기를 강력하게 권고합니다. 이런 활동을 시도할 때에는 언제나 의식적이고 이성적인 수준에 머물러야 합니다. 다르게 표현하자면, 이런 감정들을 강렬하게 체험하려고 하지 마세요. 일차적으로 경험들을 정리하는 절차를 거쳤다면, 그 후에는 심상을 더 강하게 불러와도 좋습니다. 하지만 이런 양식들이 유발하는 감정에 압도되지 않도록 주의하세요. 특히 강한 처벌하는 부모 양식은 쉽게 감정적인 주도권을 잡고 빠르게 당신의 부정적인 정서를 이끌어낼 수 있습니다. 괴로움에 압도되는 것 같다면 이런 경험에 대해 말할 사람을 찾아 보세요. 그러면 안전을 확인 받고 진정하는 데에 도움이 될 것입니다.

특히 강한 처벌하는 부모 양식을 다룰 때에는, 다음의 질문들을 "지금, 여기"를 기준으로 인지적 수준에서 생각해보기를 권유한다.

<mark>구분하기</mark> 건강한 어른 양식으로부터 나오는 어떤 규칙과 메시지들이 삶에 도움이 되는가? 어떤 것들은 더 이상 도움이 되지 않는가?

훈련 9.2
나의 부모 양식이 주는 메시지와 그 기원

아동기와 청소년기에 우리는 규칙, 성취, 겸손 등의 분야에서 다양한 요구를 받습니다. 때때로 우리는 특정한 문장들이 계속해서 들려오고 우리의 기억에 불에 데인 상처처럼 남는 경험을 하는데, 여기에는 "고통이 없으면 성취도 없다"와 "부지런히 일찍 일어나는 새가 벌레를 잡는다" 등이 포함됩니다. 어쩌면 당신에게 중요한 인물들 중 하나가 "네가 또 다시 나를 화나게 해?" 등의 말을 되풀이했을지도 모릅니다. 처벌하는 부모 양식을 가진 사람들은 자주 수치스러운 명칭으로 불린 기억을 가지고 있기도 하는데, 한 내담자의 경우에는 아버지로부터 언제나 "가망 없는 놈"이라고 불렸습니다.

이런 메시지를 떠올릴 수 있나요? 아동기나 청소년기에 들었던 메시지들을 나열해 보세요(작업지 13, "부모의 메시지 알아차리기"). 어떤 메시지들이 오늘날까지도 중요하고, 어떤 메시지들이 이제 더는 중요하지 않게 되었나요? 그런 메시지들은 당신의 삶에 어떤 의미가 있나요? 그런 메시지들을 떠올리면, 어떤 느낌이 드나요? 오늘날에는 그런 메시지들에 어떻게 반응하고, 어떤 느낌이 드나요?

흔히 부모님이나 다른 중요한 사람들의 메시지들은 삶에 큰 도움이 된다. 예를 들면, 대부분의 부모는 아이에게 규칙을 지키는 법을 가르친다. 때때로 귀찮거나 지루하다고 느꼈을 수도 있지만 넓게 보았을 때에는 좋은 점이 더 많을 것이다. 당신은 상황이 어려워졌을 때에도 포기하지 않는 법을 배웠고, 언제나 좋아하는 일만 할 수 없다는 것도 배웠다. 타인을 돌보는 일이 중요하다는 점을 부모님으로부터 배웠다면, 당신도 좋은 부모가 될 가능성이 크다.

스키마 양식의 개념에서는, 이런 "좋은" 메시지들은 건강한 어른 양식의 일부이다. 그것들은 당신의 수행 능력을 증진시키고 중요한 사회적 규칙을 준수하도록 한다(5장 참고). 대부분의 어른들은 그들의 부모가 전달한 긍정적이고 부정적인 메시지들로부터 어느 정도 덕을 보았다.

그럼에도 불구하고 과거로부터 들려오는 메시지 중에서도 당신에게 압박만 가할 뿐 당신에게나 주변 사람들에게나 별다른 도움은 되지 않는 것들도 분명히 존재한다. 처벌하는 부모 양식이 당신을 자기비하로 몰아넣을 때에는 특히 그렇다. 이런 메시지의 영향은 당신의 기분을 상하게 할 뿐이므로 감소시키는 것이 좋다. 언제나 그렇듯이 행복한 중간 지점을 찾는 것이 관건이다. 규칙과 건강한 자기비판은 좋지만, 지속적인 자기비판과 정상적인 실수에도 자신을 가혹하게 처벌하는 행동은 비건설적이고 파괴적일 뿐이다.

당신의 "부모 메시지" 중 어떤 것이 건강한 어른에 속하는 것이고 어떤 것이 처벌하는, 요구하는, 죄책감 유발 부모 양식에 속하는지 구분하는 것이 중요하다. 작업지 14, "나의 부모 메시지"가 도움이 될 것이다. 이 작업지를 작성하기 전에 이 책의 1부에 설명된 양식들과 친숙해지는 것이 좋다(3장과 5장 참조).

건강한 어른 양식과 역기능적 부모 양식의 메시지를 구분한 후, 어떤 메시지는 계속해서 수신하고 싶고, 어떤 메시지는 밀어내고 싶은지 결정해야 한다. 건강한 어른 양식의 메시지를 간직하고, 당신을 압박하거나 스스로에게 부정적인 감정을 갖게 하는 메시지를 변화시켜보자. 덧붙여, 받아들일 메시지를 더 건강하고 절제된 방식으로 수정해보기도 하자(2.1.2절 참고).

📝 작업지 13: 부모 메시지 알아차리기

부모 메시지 알아차리기

부모 양식의 메시지:	메시지의 기원:	오늘 받은 메시지의 강도는?(0~100)	이 부모 양식은 언제 활성화 되는가?
사사안을 위해 누군가를 하는 건 이기적이야.	엄마는 타인을 위해 자신의 삶을 희생하셨다. (엄마가 우울할 때)	오늘 받은 메시지: 85	나를 위해 고려할 누군가를 만나면

141

📝 작업지 14: 나의 부모 메시지

나의 부모 메시지		
부모 메시지	기원	양식
(1)		
(2)		
(3)		
(4)		
(5)		

🎁 사례 예시

3장 도입부에서 당신은 서로 다른 부모 양식에 시달리는 아이샤, 아나벨, 프레디를 만나 보았다. 세 명 모두 역기능적 부모 양식이 표현하는 메시지를 알아차렸다.

아이샤의 부모 메시지	기원	양식
자신만을 위해 무언가를 하는 건 나쁜 사람이야.	어머니	죄책감 유발 부모 양식
네 감정과 욕구는 중요하지 않아.	어머니	처벌하는 부모 양식
노력하면 목표를 이룰 수 있어.	선생님, 아버지	건강한 어른 양식

아이샤는 첫 번째 부모 메시지를 바꾸기로 결심했다. 이제부터 아이샤는 저 목소리 대신, "다른 이들을 돌보는 건 좋지만, 네 욕구도 그만큼 중요해. 적절한 균형을 찾아야 해"라는 규칙을 적용하려고 한다. 두 번째 부모 메시지는 아이샤에게나 타인에게나 아무런 도움도 되지 않으므로 단순히 사라지는 편이 낫다. 아이샤는 세 번째 메시지가 자신에게 과도한 요구를 하지 않으며, 건강한 어른 양식과 관련되어 있음을 알아차렸다. 이 메시지는 앞으로도 아이샤의 삶에서 중요한 역할을 할 것이다.

아나벨의 부모 메시지	기원	양식
너는 좋은 음식을 먹을 자격이 없어.	수녀들	처벌하는 부모 양식
너는 즐거움을 누릴 자격이 없어.	수녀들	처벌하는 부모 양식
재미를 추구하는 건 나빠.	수녀들	처벌하는 부모 양식
실수를 하면 무가치한 사람이야.	수녀들	처벌하는 부모 양식

수녀들로부터 받아들인 아나벨의 메시지들은 자신의 욕구와 감정, 스스로를 보살필 권리 등을 모두 부정한다. 이런 메시지들은 아나벨이 자신의 욕구와 신체를 증오하고 거절하게 만든다. 아나벨은 이런 메시지들을 모두 지우고, 보다 만족스럽고 자신을 돌보는 삶으로 나아가기 위한 메시지들로 바꾸어 보려고 한다.

프레디의 부모 메시지	기원	양식
즐기는 것보다 일이 우선시 되어야 한다.	역할 모델로서의 부모	요구하는 부모 양식
만족감을 느끼는 것이 중요하다.	부모님의 말	건강한 어른 양식

프레디의 요구하는 부모 양식의 목소리는 프레디가 근면하게 일하고 높은 성과를 이루도록 한다. 그러나 부모님은 업무 외에 다른 일에도 관심을 기울이고 스스로를 돌보아야 한다고 가르쳤다. 그러므로 프레디는 요구하는 부모 양식과 함께 강한 건강한 어른 양식을 갖추고 있다고 볼 수 있다.

프레디의 목표는 요구하는 부모 양식의 목소리를 어느 정도까지 약화시키는 것이다. 그 목소리는 다음과 같이 수정될 것이다. "일은 중요하고 성공하는 건 좋은 거야. 하지만 언제나 균형을 잃지 않도록 해. 삶에는 일 외에도 중요한 것들이 많이 있어."

그림 9.1 역기능적 부모 양식

9.2 역기능적 부모 양식 침묵시키기

이제 역기능적 부모 양식을 변화시키는 방법들을 가르쳐고자 한다. 첫째는 해로운 부모 양식의 규칙들을 살펴보고 새롭고 건강한 규칙들로 변화시켜 보는 것이다. 그런 후에는 역기능적 부모 양식에게 당신의 새로운 규칙들로 반박하는 방법을 배워보자. 절차가 거듭될 때마다 당신의 주장은 더욱 힘을 얻고, 해로운 메시지들의 영향력은 계속해서 줄어들 것이다. 어쩌면 완전히 사라지게 될지도 모른다.

새로운 삶의 규칙 찾기 역기능적 부모 양식의 메시지들을 어떻게 더 건강한 메시지들로 대체할 수 있을까? 작업지 15, "해로운 부모 양식에 대항하는 메시지 모으기"에 두 가지 예시를 미리 기재해 두었다. 당신만의 반박도 적어 보자.

당신의 부모 메시지는 얼마나 사실인가? 부모 양식들을 다루기 시작했다면, 역기능적 부모 양식이 주장하는 바가 혹시 맞지 않다는 생각이 들었을지도 모르겠다. 이런 의심은 완전히 정상적이다.

역기능적 부모 양식은 당신 삶의 일부로 수년간 뿌리를 내렸으며, 자신을 보는 관점에도 영향을 미쳐왔다. 처벌하는 부모 양식을 강하게 갖고 있는 사람들은 자기 자신과 타인을 바라볼 때, 자신의 처벌하는 부모 양식이 옳다고 생각하는 경향이 있다. 심리학자들은 이 현상을 선택적 주의라고 부른다. 자신에 대한 부정적인 메시지를 지지하는 증거만 받아들이고, 긍정적인 메시지를 지지하는 증거는 무시하는 것이다. 다음 상자에 예시를 들었다.

죄책감 유발 부모 양식과 처벌하는 부모 양식에 대항할 수 있는 사실과 반박들을 모아 보자. 처음에는 어려울 테지만 계속 노력하자. 처벌하는 부모 양식에게 효과적으로 대항하기 위해서는 많은 연습이 필요하다. 작업지 15가 도움이 될 것이다. 혼자 하기가 너무 어렵다고 느껴질 때에는 가까운 친구로부터 도움을 받아 함께 부모 메시지들을 검토해보자.

어떤 메시지들의 영향력을 줄이고 싶은지 골랐다면, 그 메시지들의 힘을 줄이는 어려운 도전을 시작해야 한다. 어떤 방법을 먼저 시도해보겠는가?

작업지 15: 해로운 부모 양식에 대항하는 메시지 모으기

나의 해로운 부모 양식의 메시지	메시지가 틀렸다는 개인적 증거
타인을 돕지 않으면 나쁜 사람이야.	타인을 돕는 것은 중요하지만, 그러기 위해서는 나 자신을 돌보는 것도 잊지 말아야 한다.
즐기는 것보다 일을 우선시해야 한다.	주어진 일을 합리적으로 수행하는 것은 중요하지만, 삶의 균형을 지켜야 하기에 기분 좋은 활동들도 등한시해서는 안 된다.

> 🎁 **사례 예시**
>
> 애비게일의 처벌하는 부모 양식이 다음과 같이 말한다. "너는 너무 못생겨서 아무도 너를 좋아하지 않을 거야." 이런 메시지를 수신하기 시작한 후에 애비게일은 마치 이런 메시지가 사실인 것처럼 상황과 평가를 해석했다. 거울을 볼 때 애비게일은 자신이 보고 싶고, 자신이 알고 있는 모습만을 본다. 그중에는 커다란 코가 포함되어 있다. 애비게일은 자신의 아름다운 눈과 사랑스러운 머릿결을 보지 못하고, 자신의 좋은 친구와 테니스 파트너가 오랫동안 자신과 사랑에 빠져 있었음을 알아차리지 못했다.

9.2.1 역기능적인 부모 양식을 감소시키기 위한 연습들

- **상징의 힘을 사용하기** 예를 들어, 작은 인형, 돌멩이, 조개 껍질, 작은 '멈춤' 표시 등을 들고 다니면서 해로운 부모 양식에 대항하는 상징으로 활용하면 도움이 된다. 상징물들은 해로운 부모 양식의 주장에 반박할 것이라는 당신의 다짐을 상기시키는 역할을 할 것이다. 예를 들면, 책상에 올려 놓은 작은 '멈춤' 표시는 모든 추가 업무에 "네"라고 답하는 대신에 한계를 설정해야 한다는 사실을 상기시켜줄 것이다.

- **자신에게 엽서나 편지 쓰기** 특정 부모 메시지의 영향으로부터 벗어나려는 의도를 강화한다는 의미에서 자신에게 엽서를 보내 보자. 당신의 삶에서 이것들을 변화시킬 권리가 있다는 점을 강조하자.

- **다른 사람들의 도움 받기** 이런 엽서 쓰기는 다른 사람들이 당신의 욕구를

> 안녕 이사벨라,
> 너는 괜찮아. 네가 무언가를 원해도 괜찮아. 적어도 몰리, 조셉, 미아와 엄마는 그렇게 생각하고 있어!
> 그리고 그들은 정말로 그것을 알 거야.. ☺

이해하고 작성을 해 줄 때 더 큰 힘을 얻는다. 당신의 배우자, 가족, 친구들 등 당신의 부모 양식에 반대할 사람들의 사진을 책상 위에 올려 두고 컴퓨터를 켤 때마다 눈길을 주어도 좋다.

만약 당신이 3장의 아나벨처럼 강한 처벌하는 부모 양식을 가지고 있다면, 이런 활동들을 수행하기가 어려울 수도 있다. 당신의 처벌하는 부모 양식은 당신의 시도를 조롱하거나 맞서 싸우기를 허락하지 않을 수도 있다. 그렇다면 당신은 죄책감을 느끼고 처벌하는 부모 양식의 힘이 줄어들기는커녕 더 강해진다고 느낄지도 모른다.

그런 경우에 타인의 지지는 더욱 중요해진다. 이 주제에 관해 다른 사람들과 의논해 보는 것이 큰 도움이 될지도 모른다. 흔히 치료자의 전문적인 도움이 필요한 경우도 많다. 당신은 실제 타인의 도움이 필요하지만, 심상 훈련이 그들의 지지를 더욱 효과적으로 만들어줄 수도 있다. 많은 사람들은 걱정이 생기거나 어떤 일에 관해 마음이 상했을 때, 믿을 수 있는 사람들과 대화하는 장면을 자동으로 떠올린다. 당신도 그 현상을 알고 있는가? 많은 경우에는 자동적으로 발생하지만, "내면의 조력자"를 상상해내거나 과거로부터 불러내는 것도 가능하다. 역기능적 부모가 목소리를 키우거나 당신의 감정과 욕구를 부정할 때마다, 이 조력자의 도움을 구하도록 노력해 보아라. "내면의 조력자"로부터 지지를 얻는 것이 어색하다면, 더욱 더 시도해 보는 것이 좋다. 큰 도움이 될 것이다!

훈련 9.3
내면의 조력자와의 연습

처벌하는 부모 양식으로부터 전달받는 메시지는 아주 분명합니다. 자, 이제 스스로를 잘 돌보고, 당신을 지지하고 당신의 감정을 헤아리며, 당신에게 필요한 것이 무엇인지 고려하는 사람들을 떠올려 보세요. 어떤 사람이 처벌하는 부모 양식과는 다른 관점으로 당신을 보고 있을까요? 어렸을 적 할머니일 수도 있고, 고모나 이모일 수도 있고, 현재 사귀고 있는 좋은 친구나 연인일 수도 있습니다. 어렸을 적 당신의 모습을 아는 사람을 고를 필요는 없습니다.

내면의 조력자를 찾았다면, 처벌하는 부모 양식이 활성화된 상황에 대처할 수 있습니다. 당신은 가까운 관계에서 생긴 어려움 때문에 스스로를 탓하고 있을 수도 있는데, 사실은 그 문제는 당신의 탓만은 아닐 겁니다. 이때 스스로를 변화하도록 내면의 조력자의 도움이 필요합니다. 또는 지난 휴가 동안 몇 킬로그램이 늘어 자괴감을 느끼고 있나요? 또는 사람들 앞에서 입을 열 때마다 수치스럽게 느껴지나요?

이런 상황이 온다면 내면의 조력자에게 털어놓아 보세요. 그들이 내놓는 조언을 기다려보는 게 중요합니다. 내면의 조력자가 뭐라고 말하고 있나요? 조력자가 당신의 욕구와 감정을 받아들이고, 당신을 사랑으로 보살피고 있나요? 그렇지 않다면 처벌하는 부모 양식일 가능성이 큽니다. 이런 일이 계속해서 발생한다면 치료자와 의논해 보는 것도 좋습니다. 하지만 조력자의 제안들이 당신을 정말로 지지하고 도움이 된다면 다음 단계로 넘어가 심상 훈련을 시작해도 좋습니다.

처벌하는 부모 양식이 활성화 되어 있는 상황을 상상해보세요. 그리고 내면의 조력자가 상황에 개입하도록 하세요. 어떻게 느껴지나요? 상상 속에서 처벌하는 부모 양식의 영향력을 축소시키기 위해서 무엇을 더 할 수 있을까요?

역기능적 부모 양식을 바꾸기 위해서는 적지 않은 시간이 필요하다. 하지만 시간을 투자할 가치는 충분하다. 그 양식들에게 굴복하지 않겠다고 결심한 순간부터 점점 마음이 편안해지고 스스로가 현재 필요로 하고 있는 것들을 온전하게 받아들일 수 있게 될 것이다. 역기능적 부모 양식은 거의 모든 결혼 생활이나 직장 생활이나 누구의 삶에서든 일어나는 일상적인 문제들에 반응한다는 점을 염두에 두자. 완전히 정상적인 일이기 때문에 당신의 결심이 흔들리지 않길 바란다!

10

대처 양식 바꾸기

다른 모든 양식들처럼 중요한 첫 단계는 자신의 대처 양식들을 상세하게 이해하는 것이다. 가장 좋은 방법은 자신의 생각, 감정, 행동 등에 대해 깊이 고찰하고, 주변의 믿을만한 사람들에게 자신의 대처 양식들에 대한 솔직한 견해를 묻는 것이다. 믿을만한 사람들에는 당연히 치료자가 포함되지만, 친구, 연인, 형제자매, 가장 좋아하는 동료 등이 포함된다. 무엇보다도 이전에 받은 피드백들을 되돌아 보자. 예를 들어, 누군가 당신이 중요한 일들을 회피하는 경향이 있다고 말한 적 있는가(회피하는 대처 양식)? 왜 다른 사람들이 자신을 함부로 취급하도록 내버려 두느냐며 걱정을 한 적이 있거나, 견딜 수 없는 상황을 견디는 이유가 무엇이냐는 질문을 받은 적 있는가(굴복하는 대처 양식)? 또는 지나치게 오만하고 공격적이라는 비판을 받은 적 있는가(과잉보상 대처 양식)? 이런 언급들은 자신의 대처 양식에 대한 귀중한 정보의 출처가 된다. 대처 양식이 활성화되었을 때 우리의 기분은 썩 나쁘지 않기 때문에, 중립적인 관찰자들이 우리의 대처 행동을 자신보다 더 잘 감지할 때가 있다. 하지만 당신이 자신의 대처 양식들을 이해하게 된다면, 당신도 그들만큼이나 '자신도 모르게 빠져든' 대처 양식들을 객관적으로 파악할 수 있을 것이다.

10.1 자신의 대처 양식 알아가기

다음 질문들이 당신의 대처 양식을 파악하는 데에 도움이 될 것이다.

- 친구나 동료들로부터 어떤 피드백을 받는가?

- 일, 취미, 가족 등 삶의 다양한 맥락에서 유사한 행동 방식을 보인다는 말을 듣는가?
- 대인관계나 직장에서의 갈등 등 감정적 고통에 어떻게 반응하는가?
- 4장의 대처 양식들 중 어떤 대처 양식이 당신에게 작동하는가?
- 친구들, 파트너, 다른 사람들에게 당신이 어떤 대처 양식을 가진 것 같은지 질문해 보아라. 그들은 자신의 의견을 뒷받침하는 타당한 근거를 가지고 있을 가능성이 크지만, 아마도 당신이 묻기 전에는 알려주지 않을 것이다.

굴복과 회피의 대처 양식은 비교적 알아차리기가 쉽다. 이런 대처 양식을 가진 사람들은 자신이 특정한 상황을 다루는 데에 감정적인 어려움이 있다는 사실을 정확하게 파악하고 있다. 하지만 과잉보상의 경우는 다르다. 자랑을 하거나 타인을 공격하는 과잉보상 양식에 고착되었다면, 자신이 내적으로 만족스럽고 강인하다고 느낄 수 있다. 부정적인 감정은 옆으로 밀려나고, 다른 사람들은 당신이 그렇게 행동하는 이유를 알면서도 섣불리 맞설 생각을 하지 못한다. 그러므로 자신의 과잉보상에 대한 통찰을 얻는 것은 대개 쉬운 일이 아니다. 심상 훈련(훈련 10.1)이 도움이 될 수 있다.

10.2 대처 양식 약화시키기

이 장의 핵심 목표는 당신의 대처 양식을 적절하게 조율해서 당신이 욕구를 충족시키려고 할 때, 당신 앞을 가로막지 않을 정도로 약화시키는 것이다. 모든 대처 양식에는 목적이 있고, 어느 정도의 대처 양식은 오히려 건강하다는 점을 염두에 두자. 예를 들어, 직장에서 심각한 갈등이 일어난 상황에서는 어느 정도 회피 대처를 활성화하고, 감정적 거리를 두는 편이 현명하다. 대처 양식이 문제가 되는 것은 그것들이 당신의 삶에 해를 입히고 당신이 **빠져 나오고** 싶을 때에도 **빠져 나오지** 못하게 할 때이다.

훈련 10.1

이 심상 훈련은 자신의 굴복이나 다른 대처 양식이 어디에서 비롯되었는지 알고 싶을 때 도움이 될 것입니다.

눈을 감고 대처 양식이 활성화 되었던 상황으로 되돌아가 보세요. 한번 상상해보세요. 당신은 무엇을 하고 있나요? 당신의 목소리는 어떻게 들리나요? 당신은 무슨 말을 하고 있나요? 기분은 어떤가요? 몸은 어떻게 느껴지나요?

상황을 구체적으로 떠올릴 수 있게 되었다면, 이제 어린 시절로 향하는 정서적 다리를 놓아 보세요. 마음 속에서 아동기와 청소년기로 자유롭게 떠나 보세요. 어떤 심상이 보이나요? 어떤 사람, 상황, 감정, 욕구가 그 심상과 연관되어 있나요? 그랬던 과거의 상황에 대한 감정을 느껴 보세요.

어렸을 적의 기억과 현재 느끼는 감정들 사이의 연결 고리를 마음에 담아 두면서 활동을 마칩니다. 이런 활동을 통해 무엇을 깨달았나요? 아직 답을 찾지 못한 질문들은 무엇인가요?

🎁 사례 예시

1. 카린은 친구들과 남편으로부터 다음과 같은 말을 자주 들어 왔다. "또 그러네, 세상 만사로부터 도망치고 있잖아." 이러한 의견은 카린이 강한 회피하는 대처 양식을 갖고 있으며, 사회적 후퇴가 강력하게 동반된다는 증거이다. 아니나 다를까 최근에 이웃과 겪은 갈등을 떠올려 보니, 자신이 그 이웃을 몇 주 동안이나 피해 다닌 것이다. 어떤 상황이 이런 양식을 활성화시켰는지 더 잘 이해하기 위해 카린은 남편과 친구 한 명에게 자신이 어떤 어려운 상황에 특히 회피하려고 혈안이 되는지 물어 보았다.

2. 로라는 희생적이고 헌신적인 간호사이다. 로라의 동료들은 아무도 하고 싶어 하지 않는 추가 업무를 로라가 계속해서 떠맡으면 안 된다고 로라에게 말한다. 어떤 동료들은 어차피 로라가 추가 업무를 도맡을 것이기 때문에 절대 자원하지 않기도 한다. 이것은 순종하는 굴복자 대처 양식처럼 보인다. 로라는 새로운 업무가 생겼을 때, 그 일을 거절할 수 없을 정도로 큰 압박을 느낄 가능성이 크다. 업무에 투자하는 시간과 노력에 합리적인 제한선을 두는 대신, 로라는 모든 것을 포기하고 업무 시간을 거의 무한정

연장한다. 일을 지나치게 많이 하다 보니 친구들과 만날 시간도 없다. 마침내 직장 상사가 등을 떠밀어 억지로 2주간의 휴가를 내게 했을 때 비로소 로라는 자신의 사적인 생활이 완전히 방치되었음을 깨달았다.

3. 당신은 이미 4.3절에서 자기애적인 의사 글렌을 만나 보았다. 글렌의 아내는 자주 남편의 자기애에 대해 불평했다. 이제 아내는 대처 양식들에 대해 읽었고, 과잉보상에 대한 기사를 글렌에게 보여 주었다. 또한 아내는 글렌에게 이 내용에 대해 잘 생각해 보라고 말했다.

글렌은 기사를 읽고 불처럼 화를 낸다. 감히 자신을 이렇게 생각한단 말인가? 밤에 글렌은 맥주 한 잔을 가져와서 이 일에 대해 생각하기 시작한다. 생각해 보면 아내의 말에도 일리가 있다. 동료들이 자신보다 더 인정받을 때 기분이 몹시 나빠지고, 거절당한 것 같은 기분이 드는 것도 사실이기 때문이다. 그런 일이 일어날 때, 글렌은 자주 자신의 성취에 대해 떠벌리는 것으로 기분을 푼다. 하지만 며칠 후, 이런 주제에 대해 아내가 다시 언급하자, 글렌은 그 기사의 내용은 물론 그런 기사 자체를 기억하지 못하는 것처럼 행동한다.

당신의 대처 양식의 장단점을 알아보라 당신의 대처 양식이 가진 장점과 단점을 파헤쳐 보아라. 대처 양식이 문제를 일으킬 때와 실제로 유용할 때를 구분 짓는 것으로 시작해 보자. 장단점을 나열한 목록을 만들어보는 것이 큰 도움이 될 것이다. 장단점 목록은 두 줄로 이루어져 있는데, 왼쪽은 장점이다. 그 줄에는 당신의 대처 양식이 주는 모든 장점들을 적게 된다. 오른쪽에는 모든 단점들을 적으면 된다.

당신은 4.2.1절과 4.2.2절에서 언급된 해리를 기억할지도 모른다(해리는 불안에 떠는 경제학과 학생이다). 그리고 당신은 방금 글렌에 대해 읽고 생각했다. 다음 상자는 해리의 회피성 대처 양식과 글렌의 과잉보상 양식(4.3 참고)의 장단점 목록이다. 이 목록을 보고 당신의 대처 양식을 분석하기 위해 작업지 16, "나의 대처 양식의 장단점"을 사용하라. 자주 사람들은 이득은 단기적인 반면, 손해는 장기적이라는 사실을 발견한다(문제 행동).

이 두 사례는 어떤 대처 양식이 살아가는 데 있어 특히 해로울 수 있는지 예상할 수 있게 해준다. 더불어 어떤 방향으로 변화시켜야 하는지 제시하는 바가 있기도 하다. 그리고 적어도 단기적인 관점에서는 장점과 단점이 자주 밀접하게 연관되어 균형을 이루고 있음도 알아차릴 수 있다. 그러므로 처벌하는 부모 양식을 다루었던 때와는 달리 대처 양식을 완전히 지우기보다는 적당히 완화시키는 정도로 목표를 잡아야 할 것이다.

변화 계획하기 어느 영역에서부터 대처 양식의 영향력을 줄여나가고 싶은가? 감정을 더 직접적으로 표현하고 싶은가? 또는 건강한 어른 양식을 통해 더 많이 소통하고 싶은가? 첫 번째 목표는 욕구와 한계를 보다 명확하게 표현하는 것인가? 사적이고 공적인 관계에서 방식을 바꾸는 것으로 시작할 수 있다.

만약 당신의 대처 양식을 변화시키고 싶다면, 건강한 어른 양식을 활성화시키는 법을 알아두는 것이 도움이 된다(5장 참고). 많은 사람들은 다른 사람들

해리의 회피하는 대처 양식

장점	단점
실망감을 느낄 만한 일을 시작하지 않는다. 시험을 보지 않으면 떨어질 일이 없다. 나는 가까운 사람이나 각별한 관계가 없기 때문에 인간관계에서 상처받지 않는다. 나는 불안정할 때 문제에 직면하지 않아도 된다. 나는 TV를 시청할 때 안전하고 독립적인 것 같다. 나는 나를 타인과 비교하지 않는다.	나는 직장 동료들이 예전 학교 동기들보다 나에게 더 잘 해줄(잘해줄) 기회를 주지 않는다. 사람들이 나를 받아들이거나 좋아하는 경험을 할 수 없다. 여자친구를 사귀고 싶지만 그럴 수 없다. 시험을 피하기 때문에 학업을 마칠 수 없다. 아무런 위험도 마주하지 않기 때문에 친구도 성취도 아무것도 얻을 수 없다. 이 때문에 자존감이 매우 낮아진다.

글렌의 과잉보상 대처 양식

장점	단점
그 순간에는 기분이 좋고 우월감을 느낀다. 나는 존중을 얻고, 다른 사람들은 감히 나의 권위에 도전하거나 비판하지 않는다. 내가 모습을 드러내면 그 자체로 내 능력을 증명하게 된다. 다른 사람들은 내가 실제보다 유능하다고 생각한다.	나의 동료들은 나를 좋아하지 않는다. 도움이 필요할 날이 올 때 아무도 나의 편을 들어주지 않으리라는 것을 안다. 아내가 내 허세에 질색을 한다. 아직도 동료들과 나를 비교할 때 가끔 불안해질 때가 있다.

작업지 16: 나의 대처 양식의 장단점

나의 대처 양식의 장단점		
대처 양식	장점	단점
나의 대처 양식		
나의 대처 양식		
나의 대처 양식		
나의 대처 양식		
나의 대처 양식		
나의 대처 양식		

> 🎁 **사례 예시**
>
> 해리의 변화 계획
> - 대학에서 강의를 수강하고 시험을 치고 싶다.
> - 대학원 진학 계획을 논의하기 위해 다음주에 교수님과 면담을 진행할 것이다.
> - 외로움을 덜 느끼기 위해 학교에서 적어도 두 명의 학생들과 알고 지내고 싶다.
> - 일주일에 이틀은 혼자 밤을 보내지 않을 것이다.

과 합창을 할 때나 연주를 할 때, 자신의 건강한 어른 양식과 가까워진다. 그러면 사람들은 회피하거나 과잉보상하지 않는다. 어떤 사람들은 동물이나 아이들과 함께할 때 안전감을 느끼고 대처 양식을 필요로 하지 않는다.

일단 당신이 어떤 종류의 대처 양식이든 필요로 하지 않는 상황을 찾아낸다면, 그 경험들을 다른 환경에 적응하는 데에도 사용할 수 있을 것이다. "대처가 필요하지 않은 상황"들을 심리적인 "안전지대"로 활용하자.

다음 활동을 위해서는 두 가지 상황을 상상해 보아야 한다. 대처 양식이 필요하지 않은 안전한 상황과 당신의 주된 대처 양식으로 반응할 만한 보다 어려운 상황이다.

훈련 10.2

먼저, 상상 속에서 당신이 안전하다고 느끼는 상황을 불러오세요. 합창을 하거나 동물들과 노는 상황이요. 어떤 기분이 드나요? 최대한 안전감과 이완의 느낌을 강하게 받아들여보세요. 다음으로는 기존의 감정을 유지한 채 보다 어려운 상황을 불러오세요. 안전한 상황에서 만난 믿음직한 사람 한 명을 데리고 가도 좋습니다.

이런 활동이 어려운 상황에서 당신의 감정을 조금이라도 변화시킬 수 있는지 지켜보세요.

10.2.1 순종적인 굴복 양식 약화시키기

변화할 계획을 세웠다면, 변화시키고 싶은 구체적인 상황을 생각해 보자. 어쩌면 당신의 동료 중 한 명에게 거슬리는 버릇이 있었는데, 이제 그에게 그 사실을 언급하고 멈춰 달라고 부탁하고 싶을지도 모른다. 아니면 지금까지 혼자서 도맡아온 집안일을 도와달라고 가족에게 말할 수도 있다. 변화는 조금씩 일어난다는 사실을 염두에 두자. 사소한 것을 한 가지 시작하는 것을 기점으로 계속해나가면 된다.

10.2.2 회피 줄이기

회피 행동을 줄이기는 어려운 과제다. 상황에 순응하면 일시적으로나마 문제가 해결되기 때문에 당신은 단기적으로는 언제나 굴복으로부터 이득을 본다. 하지만 굴복은 큰 장기적인 문제들을 야기하기도 한다. 굴복하지 않으면 장기적으로는 큰 이익이 될 수 있다!

훈련10.3
순종하는 굴복자 양식 약화시키기

무언가를 바꾸고 싶을 때에는 구체적이고 현실적이고 한 번에 한 걸음씩 나아가야 합니다. 그리고 대체할 만한 다른 바람직한 행동으로는 무엇이 있을지 생각해 두면 좋습니다. 특정한 상황이 발생했을 때, 정말로 취하고 싶은 행동이 무엇인가요? 대처 양식을 완전히 멈춘다는 목표를 세우기보다는 자신의 긍정적인 변화가 가져올 구체적인 "비전"을 마음속에 그려보는 것이 사실 더 중요합니다.

첫 번째 단계로 상상 속에서 당신의 새로운 행동을 구체적으로 떠올려 보세요:

편안하게 하고 눈을 감습니다.

당신의 새로운 행동이 어떤 장점을 가지고 있는지 기분 좋게 상상해 봅니다. 만일 당신의 양심이 당신의 새로운 행동에 이의를 제기하려고 한다면, 혹시 그것이 죄책감 유발 부모 양식이나 처벌하는 부모 양식의 목소리는 아닌지 살펴 보세요. 만일 그렇다면 명확한 메시지로 그 목소리에 대항합니다. 예를 들면 "나는 네가 내 삶에 그만 관여했으면 좋겠어. 내 마음 속에서 나가." 라

고 말해볼 수도 있겠죠.

다음 단계는 당신의 "비전"을 상대적으로 덜 까다로운 상황에 적용해보는 것입니다. 첫 번 시도에서 당신의 기대만큼 완벽하게 수행해내지 못했다고 해도 실망하지는 마세요. 적어도 당신은 시도해 보았고, 그것만으로도 큰 성공입니다. 그리고 작은 걸음 하나 하나가 소중합니다.

다음으로는 당신의 새로운 행동을 일상 속의 다양한 상황에 활용해보도록 하세요. 진전이 있을 때마다 스스로에게 보상을 주세요. 자신을 칭찬하거나 어깨를 두드리거나, 아이스크림을 먹거나 반신욕을 즐기거나, 작은 선물을 사주어도 좋겠죠!

🎁 사례 예시

조슈아(4장)는 자신의 순종하는 굴복자 양식을 줄이기로 결심했다. 그는 이미 어디에서부터 시작해볼지 결정을 내렸다. 한 내담자는 언제나 조슈아가 도맡을 필요도 없는 일을 떠넘겨 신경을 긁는 데에 도가 텄다. 다음 회의에서 조슈아는 그 업무들을 맡아야 한다는 중압감에 저항하는 데에 성공한다. 내담자가 도움을 청했을 때, 조슈아는 친절한 태도를 잃지 않으면서도 요청을 거절할 수 있었다. 회의가 끝난 후, 조슈아는 안도감을 느끼고 앞으로도 이런 방식으로 행동하게 되기를 기대한다.

불행히도 이는 회피하는 대처 양식에는 적용되지 않는다. 회피하던 일을 하기 시작하는 과정은 당신에게 몹시 큰 스트레스가 될지도 모른다. 긍정적인 효과는 시간이 흐른 후에야 찾아온다. 인내심을 갖고 꾸준히 임해야만 회피하는 행동 방식을 변화시킬 수 있다.

장단점 목록은 여기에서도 중요한 역할을 하게 된다. 회피가 가져올 장기적인 문제들을 쉽게 상기할 수 있기 때문이다. 이는 변화하겠다는 동기를 지지하고, 나아가서는 강화할 수도 있다. 회피를 줄이고 약화시키는 방법은 굴복 양식을 대할 때와 같다(훈련 10.2와 작업지 16, "나의 대처 양식의 장·단점" 참고). 훈련 10.3과 같은 심상 훈련을 활용해도 좋다.

그림 10.1 회피 약화시키기

🎁 사례 예시

해리는 학교 동기들과 친해지기로 마음먹었다. 다음 파티 일정이 잡혔을 때, 해리는 용기를 내서 파티에 참석하기로 한다. 해리는 당일 밤 열한 시쯤 모습을 드러낸다. 아는 얼굴은 거의 없고, 대다수의 사람들은 이미 고주망태가 된 지 오래다. 해리는 불편하고 단절된 채, 부엌에 덩그러니 남겨지기에 이른다. 컴퓨터 게임을 좋아하는 한 학생과 짧은 대화를 나누기는 했지만, 그 학생은 내일 할 일이 있다며 파티 장소에서 일찍 떠나버렸다. 해리는 자신의 처벌하는 부모 양식이 "너는 이곳에 속하지 않아"라고 자신을 다그치기 시작했음을 깨닫는다. 파티장을 떠날 때, 해리는 완전히 지친 채 실망감에 사로잡혔다. 하지만 다음 주 어느 날 파티에서 만났던 바로 그 학생과 마주치게 되었는데, 그 학생은 해리를 자신의 집으로 초대해 다른 친구들과 함께 컴퓨터 게임을 하면 어떻겠느냐고 제안했다. 해리는 그 초대를 받아들였고, 소수의 사람들과 교류하는 게 더 편하다는 사실을 깨닫는다. 다른 학생들과 게임을 할 때 해리는 기분이 좋았다.

10.2.3 과잉보상 약화시키기

과잉보상을 줄이는 건 굴복과 회피 양식을 줄이는 방법과 유사하다. 하지만 회피를 줄이는 것보다 과잉보상을 줄이는 것이 효과를 보이려면 더 긴 시간을 필요로 할 가능성이 크다. 처음에는 과잉보상하는 방식 없이 생활하는 것이 당신의 상태를 더 저조하게 만들 수 있기 때문에 과잉보상을 약화시키기가 어렵다.

당신은 자랑을 하거나 공격적으로 행동함으로써 불안과 열등감을 해소해 왔다. 하지만 당신은 자신의 과잉보상 대처 양식을 발견했고, 그것을 줄이기로 마음먹었다. 자랑을 하지 않는 순간, 자신이 가진 열등감과 직면하게 될지도 모른다. 그리고 대처 양식 뒤에 숨지 않았기 때문에 더욱 비참한 기분이 들 수도 있다. 게다가 자랑은 언제나 기분이 좋지 않은가? 자기 과시를 하면 만족스럽고, 강해진 것만 같고, 상황의 통제권을 얻은 것만 같으니 말이다.

방식을 바꾸고 싶다면 이런 쾌감 없이 사는 방법을 배워야 한다. 하지만 노력을 계속하다 보면 사람들이 당신의 자랑을 얼마나 꺼려해 왔는지 알게 될 것이다.

이런 모든 경험들은, 아무리 초반에는 어렵다 할지라도, 장기적으로는 가치가 있고 중요하다. 과잉보상을 줄이는 데에 성공한다면, 굉장한 뿌듯함을 느끼게 될 것이다.

다른 사람들이 피하거나 파트너가 이별을 통보하는 등의 불리한 상황이 아니면, 사람들은 보통 과잉보상을 줄일 생각을 하지 않는다.

만일 당신이 이런 과정을 겪고 있다면, 처음에는 우울해지거나 불안해질지도 모른다. 가혹하게 들릴 수 있겠지만, 이런 좌절을 겪는 것은 오히려 당신이 성공적으로 과잉보상을 약화시킬 가능성을 높여 주는 것이 일반적이다. 실패의 경험은 변화를 위한 동기가 될 수 있다. 부정적인 결과 없이는 과잉보상 문제를 해결할 동기를 얻지 못할지도 모른다. 당신이 원하는 대로 사람들이 움직여 주는데 왜 이런 방식을 바꾸고 싶겠는가?

그림 10.2 과잉보상 약화시키기

🎁 사례 예시

토마스는 지난 2~30년동안 심각한 열등감과 수치심과 싸워 왔다. 이런 감정은 청소년기에 심각한 여드름 때문에 학교에서 놀림을 받고 괴롭힘을 당한 데서 비롯된다. 이에 대처하기 위해 토마스는 강한 과잉보상 대처 양식을 발달시켰다. 이 양식에서 토마스는 굉장히 멋스럽고 유능하게 행동하며, 잘 가꾼 외모로 타인들의 넋을 빼놓고 직업에서는 한없이 능률적이다.

이제 토마스는 47세이고 젊었을 때처럼 원기 왕성하지도 않다. 이런 대처 양식은 이제 감당할 수 있는 이상으로 체력을 소모한다. 게다가 토마스의 업무 환경도 바뀌었다. 더 작은 업무가 주어지고, 완벽한 외모도 예전처럼 도움이 되지 않는다. 마음을 내리누르는 짐이 무겁기만 한데 출구는 보이지 않는다. 지난 몇 년 동안 토마스는 심각한 우울 증세를 보이고 있다.

> 치료자는 토마스의 과잉보상을 짚어냈지만, 토마스에게 과잉보상은 거의 해결할 수 없는 문제처럼 보였다. 그럼에도 불구하고 토마스는 시도해 볼 만한 가치를 느꼈고, 치료 환경에서 똑똑하게 보이려는 태도를 고수하는 대신에 부정적인 정서를 다루어 나가기 시작했다. 직장에서는 자신의 능력에 대해 더 관대해지기로 했고, 한계가 없는 유능함에 대한 환상도 버리기로 했다. 업무가 많을 때에는 밤샘 작업을 하는 대신, 직장 상사에게 더 많은 시간이 필요하다고 요청하기도 했다.
> 토마스는 이런 변화에 적응하기 힘들어 하고, 약점을 보일 때마다 위협을 당할 것만 같은 불안감에 휩싸인다. 하지만 전반적으로는 좋은 경험이다. 타인들의 이해를 받고 지지를 받으면 안심이 되지 않는가? 가장 좋은 점은 더 이상 외롭지 않다는 것이다.

공격적인 과잉보상 행동을 하는 경향이 있다면, 당신의 대처 양식은 무력하거나 나약한 감정들로부터 당신을 보호하고 싶기 때문일 가능성이 크다. 과잉보상을 줄이고 싶다면, 당신은 스스로를 보호할 새로운 방식을 찾아야 한다. 모든 사람들이 어려운 상황에서 감정적인 보호를 필요로 한다. 첫 시도에서부터 완벽한 사람은 아무도 없기 때문에 처음부터 너무 많은 기대를 하지는 말고, 다시 과잉보상 방식으로 돌아가게 되더라도 스스로를 너무 탓하지는 말자. 가장 중요한 것은 끈기다.

🎁 사례 예시

> 캐롤린(4.3절 참조)은 공격적인 대처 양식 때문에 자주 주변 사람들과 갈등을 빚었다. 경찰이 연루된 사건이 있었을 정도이다. 그러므로 캐롤린에게는 공격적인 대처를 변화시킬 만한 충분한 동기가 있었던 셈이다. 하지만 덜 공격적으로 행동하려고 할 때마다 무력감과 버림받음의 감정이 전보다 더욱 강하게 엄습해온다. 캐롤린이 하루 아침에 자신의 공격적인 사고 방식을 바꿀 수 없으리라는 사실은 자명하다.
> 캐롤린은 자신의 대처 양식에 대해 다른 사람들과 이야기하기 시작했다. 이

> 것이 캐롤린이 감정을 해소하는 새로운 방법이다. 어려운 상황이 올 때면, 공격적인 대처 양식이 반응하는 것이 느껴져 깊은 숨을 들이마셔야 할 때도 있다. 시간이 조금 흐른 후에는, "잠시만 기다려봐. 화가 올라오고 있어. 1분만 심호흡을 할게." 라고(상대방에게 또는 마음 속으로) 말을 할 수 있게 되었다. 당연히 주변 사람들은 캐롤린의 변화에 만족하고, 그녀가 "진정하는" 데에 필요한 시간을 기꺼이 내어 줄 의향이 있다. 시간이 지날수록 캐롤린은 공격적이지 않고 건강한 반응을 단계적으로 발달시킬 수 있었다.

작업지 17, "나의 대처 양식 변화시키기" 는 당신의 대처 양식을 한 단계씩 완화시키는 데에 도움이 될 것이다. 당장 시작해보는 건 어떻겠는가?

이 장이 당신의 대처 양식이 어디로부터 비롯되는지, 당신에게 어떤 대처 양식이 가장 중요한지, 그것들을 완화하기 위해 어떤 절차를 밟아야 하는지 이해하는 데에 도움이 되었기를 바란다.

처음에는 특정한 상황들에서 건강한 어른 양식으로 행동하기가 겁이 날 수도 있는데, 이는 완전히 정상이다. 익숙해지면 그런 두려움은 생각보다 빨리 사라질 것이다. 연습을 거듭할수록 감정과 욕구, 한계를 명확하고 건강하게 표현하는 것이 얼마나 기분 좋은 일인지 깨닫게 될 것이다.

가까운 사람들에게 당신이 변한 것 같은지, 변했다면 얼마나 변한 것 같은지에 대한 생각을 묻는 것도 좋다.

타인의 피드백은 당신의 방식에 대해 고찰하고 당신의 행동이 타인에게 어떤 영향을 미치는지 돌아보는 데에 굉장히 중요하다.

작업지 17: 나의 대처 양식 변화시키기

나의 대처 양식 변화시키기
나는 다음의 상황에서 나의 대처 양식을 약화시키길 원한다:
나는 대게 이런 식으로 행동했다(대처 양식):
나는 ~ 이유 때문에 이런 방식을 변화시키길 원한다(대처 양식의 단점):
대신에 건강한 어른 양식은 다음처럼 행동하길 원한다:
내가 성공했을 때 나에게 줄 보상은 ~ 것이다:

11

건강한 어른 양식 강화하기

이번 장을 읽는 동안 이전 장들의 내용이 되풀이되는 것처럼 느낀다면, 그것은 지극히 맞다!

자신의 건강한 어른 부분은 다른 모든 양식들이 변화하는 데에 필요하다. 요약하자면, 취약한 아이 양식은 위로 받고 강해질 필요가 있으며, 성난 아이 양식은 자신의 감정과 욕구를 보다 적절하게 표현할 기회가 주어져야 한다. 충동적인 또는 훈육안된 아이는 적절한 한계를 견디어 내는 방법을 배워야 한다. 회피하는 대처 양식은 줄여야 하며, 처벌하는, 죄책감을 유발하는, 요구하는 부모 양식은 중화되어야만 한다. 이런 변화들은 모두 건강한 어른 양식을 중심으로 이루어진다. 건강한 어른은 취약한 아이를 달래고, 훈육안된 아이에게 한계를 설정하며, 대처 양식과 타협하고, 부모 양식을 침묵시킨다. 그러므로 자신이 성취하고자 하는 모든 변화에서 건강한 어른 양식의 역할이 핵심적이다.

이제 자신의 건강한 어른 양식이 우선순위를 정하는 데 달려있다. 어떤 변화가 자신에게 가장 중요한가? 이 과정에 어느 정도의 에너지를 투자하고 싶은가? 첫 번째 단계를 달성했을 때, 자신에게 어떤 보상을 주고 싶은가? 이런 주제들에 대해 생각하는 것은 건강한 어른 양식을 위한 중요한 활동이기도 하다. 요구하는 부모 양식이 하는 것처럼 스스로에게 짐을 지우지는 말자. 훈육안된 아이는 다른 주장을 하고 싶어하겠지만, 한 번에 모든 것을 이룰 수 없다는 사실을 받아들이자. 유감스럽게도 취약한 아이는 당신이 얼마나 능숙해지든 간에 필요한 모든 보살핌을 받을 수 없을지도 모른다. 하지만 다시 한번 강조하자면, 한계를 인식하고 할 수 있는 일에 집중하는 것이 건강한 어른의 역할이다. 다음의 제안들이 현실적인 변화 계획을 세우는 데에 도움이 될 수 있다.

역할 모델 다행히 많은 사람들에게는 건강한 어른의 행동을 본받을 만한 역할 모델로 이미 누군가 또는 다수가 있다. 이런 주제에 대해서는 9장에서도 다루었다. 자신이 슬프거나 마음이 상했을 때, 자신의 말에 귀 기울이고 아픔에 공감해줄 사람으로는 누가 떠오르는가? 애정을 담아 자신을 걱정해주는 사람이 있는가? 타인과 자신의 욕구 사이에서 한 쪽으로 치우치지 않고 건강한 균형을 잡아줄 수 있는 사람을 아는가? 이런 역할 모델들은 이모나 고모, 할머니, 친한 친구 등 대개 실존 인물들이다. 하지만 주변에 역할 모델로 삼을 만한 인물이 없다면, 소설이나 영화에서의 인물을 빌려와도 좋다. 현실적이면서도 따뜻한 마음을 가진 사람을 곁에 두는 것은 언제나 중요하다. 만일 건강한 어른의 관점을 자신의 것으로 만들기가 어렵게 느껴진다고 해도 실패했다고 생각하지 말자. 당신의 건강한 어른 부분을 지지해 주는 원천으로서 치료자의 도움을 받는 것도 좋은 방법이다.

현실적인 태도 갖기 삶은 완벽하지 않고, 사람 또한 마찬가지다. 이런 이유로 절박해질 이유는 없으며, 이는 매우 정상적인 것이다. 이런 사실을 언제나 염두에 두자. 하루에 예순 시간을 들여도 모자랄 허무맹랑한 계획을 세우는 것보다 좋은 방법이 있다. 바로 현실적인 계획을 세우는 것인데, 여기에는 자신의 현실적인 잠재력을 고려하는 것도 포함된다. 사회적 교류, 직장, 재정 등 어떤 분야에 집중하고 있더라도 마찬가지다. 언제나 실제로 존재하는 자원을 활용하여 최상의 결과를 이끌어낼 수 있는 방법을 고심하자. 현실적인 태도는 또한 자신의 삶에 굴곡이 있으며, 어떤 때는 다른 때보다 더 힘들거나 또는 더 괜찮다는 사실을 받아들이는 것을 의미한다. 언제나 완벽하게 균형 잡힌 상태를 유지할 수는 없다. 한계를 인정하고, 어떤 날에는 컨디션이 저조할 수도 있음을 인정하자. 상황을 복합적으로 고려하고, 그 안에서 가장 나은 결과를 이끌어낼 수 있도록 목표를 세우자. 한 상황을 변화시킬 수 있는지, 자신의 역량 안에서 돌아보고 행동하는 것 또한 현실적인 태도에 포함된다. 직장 상사와의 갈등을 해소하는 상황을 상상해 보자. 깊은 고민 끝에 당신의 직장 상사는 변화시키기에는 지나치게 어려운 상대라는 결론을 내리게 될 수도 있고, 갈등을 해소하기 위해서는 견디는 방법밖에 없다는 것을 깨달을 수도 있다. 이런 상황에서 취할 수 있는 가장 현실적인 행동은 직장 상사와 더 거리를 두거나 다른 직장을 찾는 것이다.

자신에게 솔직해지기 많은 경우, 사람들은 삶의 많은 부분을 바꾸고 싶어 한다. 하지만 변화에는 큰 노력이 요구된다. 예를 들어, 대학 졸업의 목표를 달성하는 데에 수 년이 걸린다. 보다 건강한 삶의 방식을 추구하는 것이 정신 건강과 신체 건강 모두에 긍정적일 것이다. 식단을 관리하고 몸무게를 조절하고 금연을 하고 운동을 하는 등. 하지만 이를 성취하기 위해서는 엄격한 절제와 노력이 필요하다. 동기가 부여되고 가용한 에너지가 충분하지 않고서는 이러한 목표를 이루기 어렵다. 목표를 이루기 위해 정말로 준비되었는가를 되물었을 때, 어떤 꿈들은 금세 흩어져 버리고 말 것이다. 스스로에게 솔직해지는 것은 중요하다. 그렇지 않으면 만성적으로 좌절감을 느끼고 목표도 성취하지도 못하게 될 가능성이 크다.

당신과 타인의 욕구 사이에 균형 찾기 이 책의 모든 장들은 당신의 욕구를 충족시키는 여러 방법을 소개하고 있다. 하지만 타인에게도 욕구가 있다는 점을 인식해야 한다. 자신을 절제하는 만큼 타인에게는 자유를 주게 되기 마련이다. 많은 상황에서 절충안을 찾는 것이 가능하니까, 언제나 타인을 중간 지점에서 맞이할 준비를 해 두자.

사람들이 마침내 자신의 욕구에 신경을 쓰기 시작하면, 주변 다른 사람들은 처음에는 불만을 품을지도 모른다. 그런 행동에 익숙하지 않기 때문이다. 자신이 어떤 단계를 밟아 변화하고 있는지 신경을 쓰고, 다른 사람들에게 적응할 시간을 주자. 예를 들어, 만일 당신이 자신만의 취미 생활을 하는 행동으로 배우자에게 "충격"을 준 적이 이전에 없었다면, 처음부터 너무나 많은 활동을 하지는 말라는 것이다. 새로운 당신의 모습에 적응할 시간을 주어라. 당신에게 중요한 사람이 당신의 변화에 신경을 쓰거나 불쾌감을 드러낸다고 해도 그저 시간을 조금 더 주자. 그들은 이내 적응하게 될 것이다. 만일 그러지 않는다면, 대화로 해결해볼 수도 있다. 당신의 새로운 행동을 설명하고, 필요하다면 절충안을 찾자(위의 내용을 참고하라).

구체적인 계획 세우기 많은 사람들이 자신의 삶에 변화가 일어나기를 바라면서 수 년을 보낸다. "좀 더 자신감이 생기면 좋겠다", "좀 더 균형 잡힌 삶을 살아야겠다", "자신을 더 보살펴야겠다" 등 그들의 소망은 대개 막연하다. 이런 계획은 긍정적이고 유용하지만 지나치게 추상적이고 보편적이다. 치료자로서의 경험에 따르면 계획이 더 구체적일수록 그리고 계획이 당신의 실제 행동과 밀접하게 연관되어 있을수록 목적을 성취할 가능성이 커진다.

다음의 질문들은 "자신감을 갖고 싶다"는 아주 흔한 목표를 구체화하는 데에 도움이 될 것이다.

- 자신감을 가지면 어떻게 보일까?
- 다른 사람이 자신감을 가질 때, 나는 그것을 어떻게 알 수 있을까? 그런 사람은 어떻게 행동할까? 그 사람의 어떤 면에서 나는 자신감을 엿볼 수 있을까?
- 나는 어떤 상황에서 자신감이 있기를 원하는가? 그런 상황에서 자신감 있게 행동하는 나의 모습은 어떻게 보일까? 다른 사람들이 나의 자신감을 알아채게 하려면 어떻게 해야 할까? 그런 상황에서의 나의 모습은 이상적인 모습과 어떤 차이가 있을까?

작업지 18, "변화들"은 우선순위를 정하고 당신의 가능성에 대한 현실적인 관점을 제공하는 데에 도움이 될 것이다.

심상 훈련 우리는 이미 몇 가지 심상 훈련을 접해 보았고, 이는 건강한 어른 양식을 강화하기 위한 이상적인 방식이기도 하다. 변화를 준비하기 위해 건강한 어른 양식으로 행동하는 자신의 모습을 상상해보면 좋다(활동 11.1).

처음 들을 때에는 황당한 제안일지 몰라도 한 번만 시도해 보자! 많은 사람들에게 상상 속의 예행 연습이 실질적인 변화에 큰 도움을 준다.

활동들 건강한 어른 양식을 강화하기 위해서는 어떤 상황에서 이 양식이 활성화 되는지 알아차리면 좋다. 특히 당신의 건강한 어른 양식이 강하지 않을 때에는 쉬운 방식이 아닐지도 모른다. 그런 경우에는 이 양식과 더 가까워지기 위한 활동을 우선적으로 계획하는 것이 좋다. 그런 활동들을 더 많이 접할수록 당신의 건강한 어른 양식은 강해질 것이다. 상자 11.1에는 건강한 어른 양식을 활성화시킬 만한 활동들이 소개되어있다.

건강한 어른 양식을 증진시키는 자신만의 활동 목록을 작성해 보는 것도 좋다. 목록을 보기 좋게 정리해서 잘 보이는 곳에 걸어 두면 더욱 좋다. 실내를 돌아다니다가 한 번씩 마주치도록 말이다. 건강한 어른의 활동을 기피하는 경향이 있을수록 구체적인 목록을 만드는 것이 좋다.

만일 당신의 건강한 어른 양식이 이미 강하고 자주 활동하고 있다면, 다음 활동들은 큰 도움이 되지 않을지도 모른다.

행동 실험 7.2.3절에서 성난 아이 양식을 다스리는 방법을 소개하면서, 행동 실험이 무엇인지 언급한 바 있다. 이런 실험은 가벼운 마음으로 건강한 어른 양식에 접근하기에 좋은 방법이다. 당신이 건강한 어른의 태도로 원하는 바를 표현하고 싶은 상황을 하나 골라 보자. 그럴 마음이 별로 들지 않더라도 괜찮다. 예를 들면, 마음이 불안하고 불안정하지만 그럼에도 불구하고 다음 회의 때 동료와 짤막한 대화를 나눠 보고 싶은 상황이 있다고 가정하자. 그렇다면 행동 실험의 일환으로 동료에게 접근해서 말을 걸어 보면 된다.

바꾸고 싶은 행동에 따라 행동 실험의 종류는 매우 다양해진다. 작업지 19, "행동 실험"과 다음의 사례 예시가 도움이 될 것이다.

작업지 18: 변화들

	(1)	(2)	(3)
나는 무엇을 변화시키려 하는가?			
이 변화는 얼마나 중요한가?(0-100)			
나는 이 변화에 얼마나 영향을 주는가?(0-100)			
나는 이 변화를 위해 얼마나 동기가 부여되어 있는가?(0-100)			
나는 변화를 위해 노력할 준비가 되어 있는가?(0-100)			
나는 왜 이런 목표를 이루고 싶은가?			
이런 목표를 구체적으로 만들려면 무엇이 필요한가?			
이 변화에 누가 영향을 받는가? 예상되는 결과는 무엇인가?			

훈련 11.1

자신이 원하는 것을 분명히 하고 싶음에도 물러서게 되는 상황을 하나 떠올려 보세요. 상황이 어떻게 흘러가면 좋겠는지 그리고 실제로 어떻게 행동하고 싶은지 상상해봅니다. 몸을 이완시키고, 눈을 감고, 마음의 눈으로 가상의 상황을 지켜봅니다. 이 상황에서 건강한 어른 양식으로 활동하면 어떨지 상상합니다.

🎁 사례 예시

당신은 2.1절에서 이미 메건과 만나 보았다. 메건은 아동기에 가족과 함께 이사를 자주 다녔기 때문에 학교와 동네에서 언제나 "새로 온 그 애"였다. 이런 과거 때문에 메건은 자주 소외감을 느낀다(취약한 아이 양식). 게다가 다른 사람들은 자신과 어울리는 것을 원하지 않을 것이라고 생각하기도 한다(처벌하는 부모 양식).

심상 훈련에서 메건은 꽤 까다로운 상황 하나를 불러낸다. 메건은 같은 학교 학생들 몇 명이 한 테이블에 둘러앉아 급식을 먹고 있는 장면을 시각화한다. 그들은 함께 앉아 수다를 떨고 웃음을 터트린다. 실제 상황에서 메건은 다른 테이블에 혼자 앉겠지만, 상상 속에서는 그 친구들에게 다가가 함께 앉아도 될지 허락을 구한다. 학생들은 허락하고, 의자 하나를 더 가져와 메건이 대화에 참여할 수 있도록 배려한다.

다음 주에 메건은 실제로 비슷한 상황에 맞닥뜨린다. 심상 훈련으로 충분한 대비를 해두었기 때문에 이런 상황에서 건강한 어른 양식이 어떻게 행동하고 싶어하는지 메건은 정확하게 파악하고 있다. 메건은 대화에 참여하는 데에 성공했고, 자랑스러움과 행복감을 느꼈다.

🎁 상자 1.1

건강한 어른 양식을 활성화하기 위해 시도할 수 있는 방법들은 다음과 같다.
- 새로운 것 배우기
- 삶에서 중요한 것이 무엇인지 친구와 토론하기
- 무언가 책임지기

- 운동하기
- 무언가 고치기
- 밤에 하루 동안 있었던 좋은 일들을 기록하기
- 신문이나 책 읽기
- 요가, 신선한 과일 먹기 등 건강한 행동을 하기
- 새로운 요리를 해보기
- 취미 활동하기
- 다른 사람에게 무언가 설명하거나 도움 주기
- "할 일 목록"을 확인하고 자신에게 보상 주기
- 자신에게 친절하고 긍정적인 엽서 쓰기

   이번 장에서는 건강한 어른 양식을 다루고 있다. 건강한 어른 양식은 당신을 객관적으로 바라보고, 우선순위를 세우고, 현실감을 유지하며, 자신의 욕구를 받아들이고, 타인의 욕구와 균형을 잡는다. 이런 행동들은 결코 쉽지 않고, 모든 순간을 이런 양식으로 살아가는 사람은 아무도 없다.

   하지만 만일 당신에게 건강한 어른 양식이 거의 없는 것 같다고 자주 느낀다면, 그것을 인정하는 것이 중요하다. 이런 상황에는 심리도식치료가 당신의 건강한 부분을 증진시키는 데에 도움이 될 것이다.

작업지 19: 행동 실험

행동 실험
어떤 상황에서 건강한 어른 양식이 주도권을 잡으면 좋겠는가?
나는 구체적으로 어떻게 행동하고 싶은가?
그래서 어떤 양식들이 나에게 문제가 되는가?
어떤 방법들이 상황에서 나의 해법을 잊지 않게 도와줄까?(엽서, 심상 훈련 등)
사려 깊은 사람이라면 나를 어떻게 응원해 줄까?
행동 실험에 성공했을 때, 나에게 어떤 보상을 줄까?

🎁 사례 예시

당신은 이미 2.2절과 7장 초반부에서 수지를 만나 보았다. 수지는 강한 충동적인 아이 양식을 갖고 있어서 지나치게 많은 파티에 참여하고, 술을 과하게 마시며, 피임 없는 성관계를 하곤 한다. 수지의 충동적인 아이 양식은 학업과 건강에 상당한 위험이 된다. 수지는 학교를 졸업하고 싶으면, 건강한 어른 양식이 "파티 수지"를 통제해야 한다는 사실을 깨달았다. 그녀는 최근 몇 주 동안 유혹에 시달리지 않기 위해 외출을 삼가고 있는데, 다른 사람들과의 교류, 음악과 춤이 그리운 것은 어쩔 수 없다. 이번 행동 실험에서 수지는 재미와 책임감 사이에서 균형을 찾고 싶어 한다.

수지는 먼저 건강한 어른 양식이 보내는 엽서를 한 장 썼다.

> *친애하는 수지에게,*
>
> *파티에 가면 다시 술을 마시고 선을 넘는 짓을 하게 될 거야. 맥주에 입을 대는 순간, 충동적인 아이가 주도권을 잡을 거라는 걸 잊지 마. 그리고 너에게는 학업이 아주 중요하고, 더 이상 파티를 할 수 없다는 사실도 잊지 마! 그런 행동들이 예전에 너를 위험에 빠뜨린 적도 있었다는 걸 기억해. 너는 네가 하룻밤 만나는 남자들에 비하면 너무 아까운 사람이야.*

행동 실험을 위해 수지는 학생 파티에 참석해보기로 한다. 건강한 어른 양식이 통제권을 잡아야 하기 때문에 술을 마시지 않기로 하고, 늦어도 새벽 한 시에는 집에 들어가기로 결심을 했다. 건강한 어른 양식이 주는 메시지를 적은 카드는 주머니 속에 잘 넣어 두었다. 어떤 사람이 술을 권할 때 어떻게 대답해야 할지도 미리 정해 두었고, 심상 훈련으로 연습해놓기도 했다.

모든 것이 생각대로 되었다. 술을 마시지 않고도 음악과 춤을 즐길 수 있다는 사실을 깨달았고, 다음날 아침에 자신을 한심하게 느껴질 만한 행동들도 하지 않았다. 오히려 다음날 아침에 수지는 자신이 자랑스러웠고, 그에 대한 보상으로 좋아하는 카페에 가서 카푸치노와 초콜릿 케이크를 사 주었다.

역자 후기

정신과 영역에서 가장 치료가 어려워서 전문가들도 치료를 포기해 왔던 소위 경계선 인격장애를 비롯한 성격적인 문제를 다루기 위하여 개발된 치료법이 인지행동치료로부터 진화한 스키마 치료이다.

나는 2000년도 초에 인지행동치료의 탁월한 치료 효과에도 불구하고 치료가 잘 되지 않는 소위 치료 저항성 환자라 불리는 사람들이 다양한 성격적인 문제를 가지고 있다는 사실을 발견하고, 이런 성격적 문제를 잘 치료할 수 있는 방법을 찾다가 인지행동치료의 창시자인 아론 벡박사의 제자였던 제프리 영박사가 나와 똑 같은 고민을 10년쯤 전에 하고 결국 무의식의 근간을 이루는 스키마의 분석과 수정이 치료의 핵심이라는 사실을 발견해서 스키마 치료를 만들었다는 사실을 알았다.

때마침 제프리 영박사가 제1회 국제스키마치료 전문가 연수교육 과정을 열어서 등록을 하고 2년에 걸쳐서 수련 교육을 받고 ISST(국제스키마치료 협회) 공인 스키마 치료 전문가가 되었다.

스키마 치료 역시 인지행동치료처럼 내담자가 스스로 자신의 문제를 파악하고 치료를 할 수 있는 자가치료자를 양성하는 치료법이기에 자가치료 책자가 치료에 큰 도움이 되는데, 제프리 영 박사가 쓴 〈Reinventing Your Life〉(국내에는 '삶의 덫에서 벗어나 새로운 나를 열기'라는 제목으로 번역이 되어 메타 미디어를 통하여 출간되었다)라는 자조책자를 번역하여 출간하였다. 그런데 이 책은 주로 스키마를 찾아서 치료하는데 목표를 두었다면, 스키마 모드를 찾아서 치료하는 방법에 관한 자조책자가 없어서 아쉬웠는데, 마침 지타 제이콥 박사 등이 쓴 〈Breaking Negative Thinking Patterns〉라는 책이 출간되어 기쁜 마음을 가지고 한국어로 번역서를 출간하게 되었다.

이 책에는 스키마 모드를 이해하기 좋게 다양한 삽화들이 실려 있어서 많은 환자와 보호자들은 물론 전문가들도 스키마 모드 치료를 하는데 도움을 받을 것으로 확신한다.

이 책이 출간되는데 있어 감사드릴 분들이 있다. 초벌 번역을 한 윤희준선생은 영문학과 심리학을 공부한 재원이다. 초벌 번역을 원본과 대조하며 문장과 용어를 다듬은 최상유선생은 메타의 대표로 정신건강 임상심리 전문가이다. 두 분의 노고에 깊이 감사드린다. 최종 마무리를 하면서 가능한 이 책이 일반인들에게 잘 이해될 수 있도록 교정을 보아주시고 출간에 도움을 주신 메타 미디어 조성윤 대표와 디자인과 편집, 제본을 맡아 주신 현지인터네셔널의 전우진 대표에게도 감사드린다. 이 책에서 혹시 오류를 발견하여 역자들에게 피드백을 주신다면 감사한 마음으로 받아들이겠다.

2022년 9월 1일
논현동 메타 연구소에서
역자 대표 **최영희**

용어 사전

Affect, affective(정서, 정서적)

정서는 느낌이나 감정과 동의어입니다. 감정이라는 용어는 감정에 강하게 영향을 받거나, 감정에 밀접하게 부착되거나, 감정적 각성을 동반하는 모든 감각과 행동을 포함합니다.

Affective bridge(정서적 다리)

정서적 다리는 현재 상황과 관련된 감정이 존재했던 과거 상황 사이의 연관성입니다. 이러한 상황은 내용이 비슷할 필요가 없습니다. 감정적 연결에 관한 것입니다. 예를 들어, 상사의 차가운 목소리가 당신을 당황하게 할 때 그것을 정서적 다리라고 부를 수 있습니다. 왜냐하면 그것이 당신의 아버지가 당신에게 분노 공격을 일으키기 전과 유사한 방식이기 때문입니다.

Balance in social relationship(사회적 관계의 균형)

사회 심리학자는 사람들이 사회적 관계를 어떻게 경험하고 형성하는지 조사합니다. 일부 연구에서는 각 파트너가 관계에서 기여하는 바를 조사했습니다(예: 가사 작업이 분산되는 방식). 그들은 사람들이 관계에서 자신의 기여도를 체계적으로 과대평가한다는 것을 보여줍니다. 평균적으로 약 50% 정도입니다! 따라서 "내 관계에서 나는 해야 할 일의 2/3 내지 3/4을 처리해.'라고 말하는 경향이 있다면, 각 파트너가 50%를 기여하는 객관적으로 균형 잡힌 관계에서 살 가능성이 매우 높습니다! 물론, 이는 단지 모든 경우에 적용되기는 어려운 경험의 규칙일 뿐입니다. 그러나 그것은 자주 적용되며 관계에서 만족하려면 이것을 아는 것이 중요할 수도 있습니다.

Bullying(왕따)

왕따란 정기적으로 다른 사람을 신체적으로 괴롭히거나 정신적으로 상처를 입히는 것을 의미합니다. 이것은 학교, 직장, 스포츠 클럽 또는 인터넷에서 일어날 수 있습니다. 집단 따돌림은 피해자의 건강, 직업 및 개인 상황에 부정적인 영향을 미칩니다.

Coping(대처)

대처는 우리가 중요하고 어렵게 경험하는 삶의 사건이나 수명을 다루는 방식입니다. 사람들은 개별적인 "대처 전략"을 가질 수 있습니다. 이러한 전략은 기능적일 수도 있고, 역기능적일 수도 있습니다. 기능적 대처란 문제에 대한 지속 가능하고 장기적인 해결책을 찾는 것을 의미합니다. 대조적으로, 역기능적 대처는 종종 단기적인 완화를 제공할 뿐이며 장기적인 문제는 지속됩니다.

Emotion, primary(일차적 감정)

일차적 감정은 첫째, 자극 직후에 발생하는 감정입니다. 주요 감정은 기쁨, 슬픔, 불안, 분노, 놀람, 혐오감 등일 수 있습니다. 둘째, 심리치료에서 감정이 문제의 "핵심"을 나타낼 때, 감정을 "일차적"이라고 부릅니다.

Emotion, secondary(이차적 감정)

이차적(또는 사회적) 감정은 일반적으로 자극 후 언젠가 발생하며, 인지 과정의 영향을 받는 "반응적인" 감정입니다. 예를 들면: 당혹감, 질투, 죄책감, 수치심 등입니다. 기타 심리치료적 정의는 다음과 같습니다. 때때로 "핵심" 감정 이외의 다른 감정이 존재합니다(예: 누군가는 거의 항상 파트너를 비난하지만, 실제로는 분노가 사라지면 슬픔을 경험합니다). 이런 경우의 슬픔은 이차적 감정인 분노에 의해 은폐된 일차적 감정일 것입니다.

Hot emotions(뜨거운 감정)

분노 또는 반항과 같은 강한 각성 및/또는 충동적인 행동과 함께 오는 감정을 "뜨거운"이라고 합니다.

Hysterical personality disorder(연극성 인격 장애)

이 장애는 연극적이고 주의를 끄는 행동이 특징입니다. 영향을 받는 개인은 종종 부적절하게 유혹적이거나 도발적이며, 과장된 자기 표현과 급격한 감정 변화와 극적인 감정 표현을 보이며 쉽게 영향을 받습니다.

Hysterical(연극적)

연극성 인격은 특정한 딜레마가 특징입니다. 한편으로는 무언가에 전념하는 것을 두려워하고, 다른 한편으로는 안정을 갈망합니다: 항상 활동적이고 새로운 아이디어를 찾고 관심의 중심이 되기를 갈망합니다. 연극성 인격은 오늘날 일반적으로 진단 기준이 부분적으로 변경된 연극성 인격 장애로 진단됩니다.

Needs(욕구)

욕구는 개인에게 중요한 충동이나 강한 소망입니다. 심리학자들은 만족스럽고 심리적으로 건강한 삶을 살기 위해서는 몇 가지 기본적인 욕구가 충족되어야 한다고 믿습니다.

Parentification(부모화)

부모가 자신의 약속을 이행하지 않거나 종종 수행할 수 없기 때문에 부모와 자식의 역할이 전환되는 것입니다. 그러면 아이는 "부모 역할"을 수행해야 하기 때문에 힘들어지고 과로하게 됩니다. 아이는 어리지만, 가족 구성원의 복지를 돌봐야 합니다.

Problematic behavior(문제 행동)
그 행동이 단기적으로는 즐겁지만, 장기적으로 문제를 일으키는 경우 문제가 있는 행동이라고 합니다. 전형적인 문제 행동은 흡연이나 과식입니다. 이는 단기적 쾌락과 만족을 제공하지만, 장기적으로는 문제를 일으킵니다.

Procrastination(미루기, 태업)
미루는 것은 때로는 필요하지만, 불쾌한 일을 종종 무기한 연기하는 것을 의미합니다.

Reinforcement(강화)
결과적으로 즐거운 자극이 발생하면 행동이 강화됩니다. 이는 행동이 보상을 받고 반복될 확률이 증가함을 의미합니다. 예를 들어, 어린 아이가 분노 폭발에 대한 반응으로 초콜릿을 주면, 앞으로 그러한 폭발을 더 자주 "생성" 할 수 있습니다.

Selective perception(선택적 지각)
당신의 (부정적인) 추측을 확인시켜주는 것들만 알아차리기 위해, "눈가리개를 쓴 상태"라고 말할 수도 있습니다. 예를 들어, 어떤 사람이 청중을 향해 이야기를 하는데, 50여명의 관심 있는 시청자와 마주하고 있지만, 뒷줄에서 두 사람이 계속 채팅하는 것을 눈치채고 있을 수 있습니다. 그가 자신의 연설에 아무도 관심이 없다고 느낀다면, 그는 아마도 선택적 지각으로 고통받는 것입니다. 그는 50명의 관심 있는 시청자가 보지 못하는 것과 같습니다.

Vicarious learning(대리 학습)
다른 사람을 관찰함으로써 새로운 행동을 습득하는 학습 과정. 이는 의도된 것일 수도 있고(예: 트레이너가 보여 주는 특정 동작을 모방하는 경우) 아니면 의도하지 않은 것일 수도 있습니다(예: "나쁜 역할 모델").

**내 안의 아이
치유하기**
Schema Mode
_____

펴냄 _ 초판 1쇄 2022년 9월 22일

지은이 _ Gitta Jacob, Hannie Van Genderen, Laura Seebauer

옮긴이 _ 최영희, 최상유, 윤희준

펴낸이 _ 조성윤

펴낸곳 _ 메타미디어

　　　　서울특별시 강남구 선릉로13길 12 2층 (우 06059)

　　　　Tel. 02-6674-8882 Fax. 02-549-4398

　　　　email. mettaamedia2015@naver.com

편집디자인 _ GAP프로세스

홈페이지 _ www.mettaa.com

인쇄·제책 _ 현지 인터내셔널

ISBN 979-11-955047-4-9

값 15,000원

※ 이 책의 무단 전재 및 복제를 금합니다.
※ 잘못 만들어진 책은 메타미디어에서 바꾸어 드립니다.

BREAKING NEGATIVE THINKING PATTERNS

ⓒ 2017 Programm PVU Psychologie Verlags Union in the publishing group Beltz - Weinheim Basel
Korean Translation Copyright ⓒ한국어판 출간연도 기입 by Metta Media
Korean edition is published by arrangement with Julius Beltz GmbH & Co. KG through Imprima Korea Agency
이 책의 한국어판 저작권은 Imprima Korea Agency를 통해 Julius Beltz GmbH & Co. KG사와의 독점계약으로 메타미디어에 있습니다.
저작권법에 의해 한국 내에서 보호를 받는 저작물이므로 무단전재와 무단복제를 금합니다.